[第2版]

NPOを考える

伊佐　淳

創成社新書

29

まえがき

皆さんは、ＮＰＯについてどのような印象をおもちですか？

１９９０年代以降、世界的にセクター（部門）としてのＮＰＯの台頭が伝えられ、民間企業セクター、政府セクターに続く第３の部門＝サード・セクターとしてとらえられる存在となってきました。また、１９９５年の阪神・淡路大震災におけるボランティアの方々の活躍と課題や、98年の特定非営利活動促進法（いわゆるＮＰＯ法）の施行、さらには２００１年の認定ＮＰＯ法人制度の施行もあって、今日、日本でもＮＰＯは世間の耳目を集めるようになってきています。新聞、テレビなどのマス・メディアでも、ＮＰＯという言葉が日常的に登場しています。

その一方で、確かに、ＮＰＯという言葉は耳にするようになってはきたのだけれど、実は何だかよくわからない、という方も多いのではないでしょうか。もしかしたら、さまざまな誤解もあるかもしれません。たとえば、大学での受講前と受講後とではＮＰＯに対するイメージがかなり変わった、という学生の感想が聞かれることも決して少なくはありません。一般市民の方や行政職員対象の講演会や研修会などでＮＰＯに関するお話をさせていただくときにも、やはり、ＮＰＯについてのとらえ方がさまざまであることがわかります。なかでも、特に目に付くのが「ＮＰＯ＝ボランティア」、したがって、「ＮＰＯは収益を上げてはいけない」というような誤解です。なぜそれが誤解なのかは、本書をお読みいただくとして、ＮＰＯに関心のある方々の間だけでなく、関係者の間でもさまざまな誤解が生じていることがＮＰＯ運営の幅を狭め、質の向上の妨げとなる原因の１つになっているのではないか、という気がしてなりません。

パッション（個人の情熱）をミッション（社会的使命）に、という気概をもって、ＮＰＯ法人を設立する人が増えています。創立者の皆さんにお話をうかがっていると、本当に情熱をもって活動を展開されている様子が伝わってきます。ＮＰＯセクターが社会的に重要な意義をもち、年々、その存在感を高めてきているのはおわかりになると思いますが、個々のＮＰＯに目を向けると、「地域や受益者のお役に立つ」ことばかりを考え、経営面にあまり配慮せずに運営しているように見受けられるケースもあります。その結果、それがリーダー個人やメンバーの過剰な負担につながり、ついには活動そのものが立ちいかなくなる、という場合すらありえます。

大学4年生のときに大変感銘を受けた言葉があります。それは、イギリスの経済学者アルフレッド・マーシャルの「Cool heads but warm hearts（冷静な頭脳と温かい心）」という言葉です。経済学を学んだ者は、世の中のさまざまな問題に対して、温かい心情をもちながら、冷静に物事をとらえ、的確に対処する方法を考えるべきなのだ、という意味合いが込められています。自ら貧困層の人々の現場を歩き回りながら、経済学をそうした問題の解決のために使うべく力を尽くした経済学者の至言です。NPOを設立する人々、参加する人々の、世の中を変えようという熱い心と行動力を活かすためにこそ、ときには立ち止まって冷静に考えることも必要なのです。

NPO法施行以降、特にNPO法人には事業計画や収支状況などの情報開示が義務付けられ、事業体として適切な運営を求められています。それだけではなく、できれば5年後程度をメドに大まかな長期計画を立てることも必要ではないでしょうか。そのためのヒントとなるトピックもいくつか取り上げたつもりです。

ところで、大学院の博士後期課程に入学を許された後、私は、一体何が地域経済社会の発展や経済的自立に必要なことなのか、どのようにすれば、それが達成できるのかという視点から研究を開始しました。最初に職を得た大学で思い至ったのは、地域の住民が自らの地域に関心をもち、主体となって積極的にかかわっていかなければ、地域経済社会の発展や経済的自立の達成はあり得ないのではないかということでした。では、どうすれば、地域住民がそのような役割を果たせるのか、について探っている途上で、NPO研究に出会ったのです。1994年頃のことですが、その後、得られた結論は次のようなものです。

① 地域づくり（まちづくり）を進める際、行政による施策や企業による経済活動だけでは、「生活の豊かさ」は創り出すことが困難であり、そのためにも、市民ひとりひとりが主人公となり得るNPOの役割が重要である。

② そのためには、NPOが組織として経営を強化し、ゴーイング・コンサーン（継続的な事業体）化していくことが必要であり、NPOに対する制度上の支援策と共に、組織作りから事業運営に至る支援を行う中間支援組織の充実も欠かせない。

③ そうした自立的・自律的NPOが行政や企業とパートナーシップを組むことで、生活者である市民の視点を取り入れた地域づくり（まちづくり）の実現が可能となる。

④ パートナーシップの実現には、個々のNPOが組織として強化していく一方で、NPO

をどう評価するのか、企業や行政がどのように具体的にパートナーシップを実現していくのかなどの点が課題としてあげられる。

個々のNPOが組織として強化していくには、経営感覚も求められます。経営的に自立化して初めて、地域づくり（まちづくり）への本格的な参画ができるからです。各地で行政や民間企業との協働（コラボレーション）が盛んになってきていますが、「行政から下請的に扱われている」、「企業に相手にされない」というような言葉も聞かれます。そうした扱いをされないためにも、精神面だけではなく、経営的にも自立した存在にならなければなりません。「志民」感覚と「経営者」感覚とのバランスがカギとなる所以です。

さらに、日本のNPOセクターにおける今後の展開として、NPOの具体的な評価に取り組むことも必要でしょう。一般に、評価というと、マイナス面（欠点）をあげつらうことというような悪いイメージがします。しかし、筆者の考える評価は、格差をつけるためのものではなく、良い活動を行っているNPOを見つけ出し、一般に広く紹介するためのものである、ということがポイントになります。そのヒントのいくつかはアメリカにあります。たとえば、アメリカでは「働き甲斐のあるNPOベスト100」や、「企業からNPOへ首尾良く転職する」というタイトルの本も出版され、現在、成長市場となっているアメリカのNPO

セクターは、転職先の1つとしても意識されています。

ちなみに、実情はというと、「営利セクター雇用者の平均週給が669ドルであるのに対して、501（c）（3）適用団体の雇用者の平均週給は、2004年時点で627ドル」（Independent Sector, 2007, p.3）ということですから、民間企業とNPOとの平均給与にはそう大差はありません。しかし、上位のNPOと中下位のNPOの給与にはかなりの格差があるうえ、「NPO経営者の年収の中央値は、1995年時点で54，095ドル」（Hamilton and Tragert, 2000, p.210）にすぎない、ということもあって、転職のガイド・ブックでは、そのあたりを「やりがいを重視する方におすすめ」というアドバイスにしています。やはり、実情は、決して華やかなものではないようです。

いずれにせよ、日本でもこのようなプラスの評価をともなった書籍などが人々の耳目にふれるようになると、NPOの経営陣や関係者も、これを励みにしてもっと良い「人財」を惹きつけるためにも、経営面になお一層の力を注ぐようになるかもしれません。

本書は、NPOの基本的なところから知りたい、考えてみたいという方々を念頭に置き、セクター（部門）としてのNPOと、組織体としてのNPOについての解説書として執筆してみました。経済学風に表現すると、NPOをマクロ・ミクロ両面からとらえてみることを試みた解説書ということになります。ＮＰＯについて学びたい学生諸君やＮＰＯを担っておられる関係者の方々にはもちろんのこと、ＮＰＯと接点をもっておられる（あるいは、もつ可能性のある）行政職員や企業のＣＳＲ担当の方々などにも役立つようなトピックも盛り込みました。ＮＰＯの定義をはじめ、日本のＮＰＯ法人についての現状と課題、ＮＰＯと民間企業・行政との違いを学ぶことによって、ＮＰＯについての基本的な知識を身につけていただき、さらには、その可能性について、皆さんに考えていただけると幸いです。

また、本書の記述にあたっては、さまざまな具体例も交えて平易に書くことを第一に、ある程度のレベルも維持することを心がけたつもりですが、それが達成されたかどうかは、読者の皆さんにゆだねたいと思います。

ところで、本書は、研究書・実践書から得られた知識だけでなく、現場でのボランティアや理事としての筆者自身の経験、さらには、何らかの形で接する機会のあった多くの実践家・起業家の方々から得られた知識や経験から成り立っています。また、九州の最古参中間支援組織「ＮＰＯふくおか」設立の契機となった米国・サンフランシスコのＮＰＯ取材時や、英国での在外研究時、久留米大学経済学部附属産業経済研究所・個人研究の取材時に九州各地のＮＰＯ運営者からうかがったエピソードも随所に織り込んでいます。取材先の関係者の皆様に感謝申し上げますとともに、在外研究や個人研究のチャンスを筆者に与えてくださった久留米大学経済学部の先生方および関係各位と、筆者の加入している学会でお世話になっている諸先生方にも感謝申し上げます。

また、大学院の指導教授で明治大学名誉教授の百瀬恵夫先生にも感謝申し上げます。先生は、中小企業論の大家として著名な方ですが、まさに「冷静な頭脳と温かい心」をもって徹底した現場主義を貫き、常に理論と実践の融合を追求し続けておられます。本書のテーマであるNPOのご指導を直接いただいたわけではありませんが、そうした先生の姿勢に接することがなければ、本書を執筆することもなかっただろうと思います。

そして、本書を出版するチャンスを与えてくださった株式会社創成社出版の塚田尚寛氏をはじめ、同社のスタッフの皆様にも大変お世話になりました。心より御礼を申し上げます。

最後に、私事で恐縮ですが、仕事を抱えながら家事・育児にも全力投球しつつ、筆者をサポートし続けてくれた妻・智子にも感謝します。

2008（平成20）年7月吉日

日曜日の閑静な御井キャンパスにて、特定非営利活動促進法施行10周年の記念すべき年に

伊佐　淳

改訂にあたって

２００８年９月に本書が公刊されて以来、８年近くが経過しました。この間、わが国のＮＰＯ法制度が度重なる改正によって様変わりしてしまったため、本書改訂の機会があれば、それを反映させたいと思っていました。また、特定非営利活動法人（ＮＰＯ法人）だけでなく、認定特定非営利活動法人（認定ＮＰＯ法人）も右肩上がりに増えてきたため、データの追加・更新も必要であろうし、誤字・脱字の修正も施したいと考えていました。

そこで、今回の改訂にあたり、ＮＰＯ法人の認証数などの数値については、執筆時点での最新のものを掲載し、ＮＰＯ法制度の改正点についても言及しましたが、とりわけ、今後その重要性が増してくるように思われる認定ＮＰＯ法人制度については、初版の記述より詳細なものにしました。また、本文の細かな字句の修正を施したうえで、読者の理解の一助となるよう、図表を増やし、事例についても追加・加筆を施しました。さらに、紙幅の関係上、本書に収録できなかった「巻末資料１　特定非営利活動促進法」と「巻末資料２　組合等登記令（抄録）」については、創成社のサイト（https://www.books-sosei.com/downloads）からダウンロードできるようにしました。

最後に、本書の改訂をおすすめいただきました株式会社創成社代表取締役社長の塚田尚寛氏、改訂作業を迅速に進めていただいた出版部課長の西田徹氏と同社関係スタッフの皆様に感謝申し上げます。

2016（平成28）年8月吉日

短くなった夏休み中の閑静な御井キャンパスにて、完成間近の新棟に臨みつつ

伊佐　淳

目次

第I部　NPOを俯瞰する

第1章　NPOの定義

NPOはNonprofit Organizationの略称です。これは、一般に、非営利組織と訳されていますが、これだけでは何のことかよくわからないと思います。このNonprofit Organizationという言葉は、母国のアメリカでも「利益がなく、赤字でも事業が続けられる組織」という誤解を生む言葉だと批判する人もいるくらいですから（たとえば、Hamilton and Tragert, 2000）、多くの日本人にとってわかりにくいのも無理からぬことです。日本では、民間の組織の一形態であるということを明確にするために、民間非営利組織と表記していることもよくあります（たとえば、山岡、2005、p.4）。

さて、最も広い定義は、NPOとは民間組織（団体）でありながら、営利を追求するのではなく、自発的意志に基づいて公益の実現を追求する団体、ということになるでしょう。

非営利組織の定義は、国によってさまざまに異なります。それは、その国の歴史的・文化的背景が異なっていることから、人々の考え方にも影響するものがあるからでしょう。

たとえば、レスター・サラモンは、アメリカのNPOに共通する項目をあげています（サラモン、1994、pp.21-23）。つまり、

①公式組織であること　②民間（非政府）性
③非営利性　④自己統治性
⑤自発性（ボランタリー性）　⑥公共性

の6つです。これら6項目について、少し説明しましょう。

①については、法的に許認可を受けているということではなく、何らかの組織的な実体があるということを指しています。つまり、比較的永続性のある目標があり、そのための組織構造を伴って活動を展開しているということです。したがって、たとえ人々の生活に重要な意味を持つものであっても、特定の目的を果たすだけのためにつくられた一時的な委員会のようなものは除かれます。

②については、基本となる重要な部分が民間の組織であるということです。これは、政府から補助金などの支援を受けていたり、公務員が一部のメンバーとして参加したりすること

を否定しているわけではありません。ただし、構造的に政府機関から独立していて、政府の権威を行使しないということは必要です。その意味で、非政府的な組織ということもできます。

次は、③についてです。一般に、NPOは組織を維持・発展させ、事業運営費を補うという目的で、何か事業を行う場合に参加費などを徴収することが多いのですが、予想以上に収入があり、利益が生じるケースもあります。このような場合、その利益をその組織のメンバーの間で分配するのではなく、次回の投資に回したり、基金や基本財産をつくって積み増ししたりすることなどに使わなければならないとされています。これが「非営利」ということの意味合いなのですが、こうした約束事を「非分配制約」ともいいます。利益をあげてはいけない、ということをいっているのでありません（この点については、第7章でもう少し詳しく述べます）。

④は、その組織を管理するための独自の手続きやルールがあり、市町村や企業など外部の組織からコントロールされずに自律性を保っているということを指しています。

⑤については、その組織の経営をしていくにあたって、自発性に基づく有志の参加者が、一定程度みられるということです。全員がボランティアとして参加しているということをいっているのではありません。

最後に、⑥は、特定の人々の利益ではなく、公共（＝社会の皆さん）の利益となる活動を展開していることを意味するものです。

一方、ヨーロッパ大陸の国々には、アメリカ的なＮＰＯに加え、協同組合や共済なども広い意味での非営利の組織である、と定義する「社会的経済」という概念があります。この考え方は、ＥＵでも公式に認められているのですが、日本ではまだなじみがあまりないという事情を考えて、「非営利・協同組織」と名づけ、議論を展開している論者もいます（角瀬・川口編著、１９９９、p.2）。

ちなみに、前述のサラモンやアンハイアーらは世界で初めて、ＮＰＯに関する本格的な国際比較調査を行ったのですが、そのときには、①公式（フォーマル）組織、②非政府性、③非営利性、④自己統治性、⑤自発性という5つの要素をすべて含む団体が調査対象とされました（ＮＰＯ研究フォーラム、１９９９、pp.16-18）。これは、欧米における一般的なＮＰＯの定義が①～⑤の5項目からなっているということが、その理由となったようです。日本でもこの調査が実施されたのですが、旧民法34条法人（社団・財団）、社会福祉法人、学校法人、特定医療法人、ＮＰＯ法人などが該当するとされました。しかし、消費生活協同組合（生協）等は対象とされませんでした。生協等の協同組合は、それぞれ別々の法律で規制されていることもありますが、基本的には、余剰利益を会員に還元することから、共益を追求する組織であり、公益追求型のＮＰＯとは異なると判断されたということのようです。なお、この点については、生協の現場で実践的に活動されている方々やヨーロッパ的な「非営利・協同組織」論者からは異論が出ていますが、本書では、この程度にとどめておきます。

ところで、ＮＰＯはもともと、アメリカで法制度化された組織ですが、日本では、アメリカの法制度を意識してＮＰＯに関する法制度（特定非営利活動促進法、認定ＮＰＯ法人制度）が制定されたという経緯があります。したがって、日本の政府（ＮＰＯを担当している内閣府をはじめ、経済産業省、厚生労働省、国土交通省など）は、調査を実施する際、アメリカ的なＮＰＯの定義をベースにしているというのが現状です。

たとえば、図表１は産業構造審議会ＮＰＯ部会の中間とりまとめ『「新しい公益」の実現に向けて』（平成14年5月）から引用し、作成し直したものですが、この図からもそのことが見て取れるはずです。

なお、本書では、基本的に、ＮＰＯと表記した場合は、公益法人や社会福祉法人、任意団体を含めた範囲の団体を指しています。言い換えると、中小零細ＮＰＯから大規模ＮＰＯまで含むというイメージです。そして、それらを全部まとめて、「かたまり」としてとらえている場合は、ＮＰＯセクターと表現します（「セクター」は「部門」と和訳されます）。

図表1　NPOの位置づけ

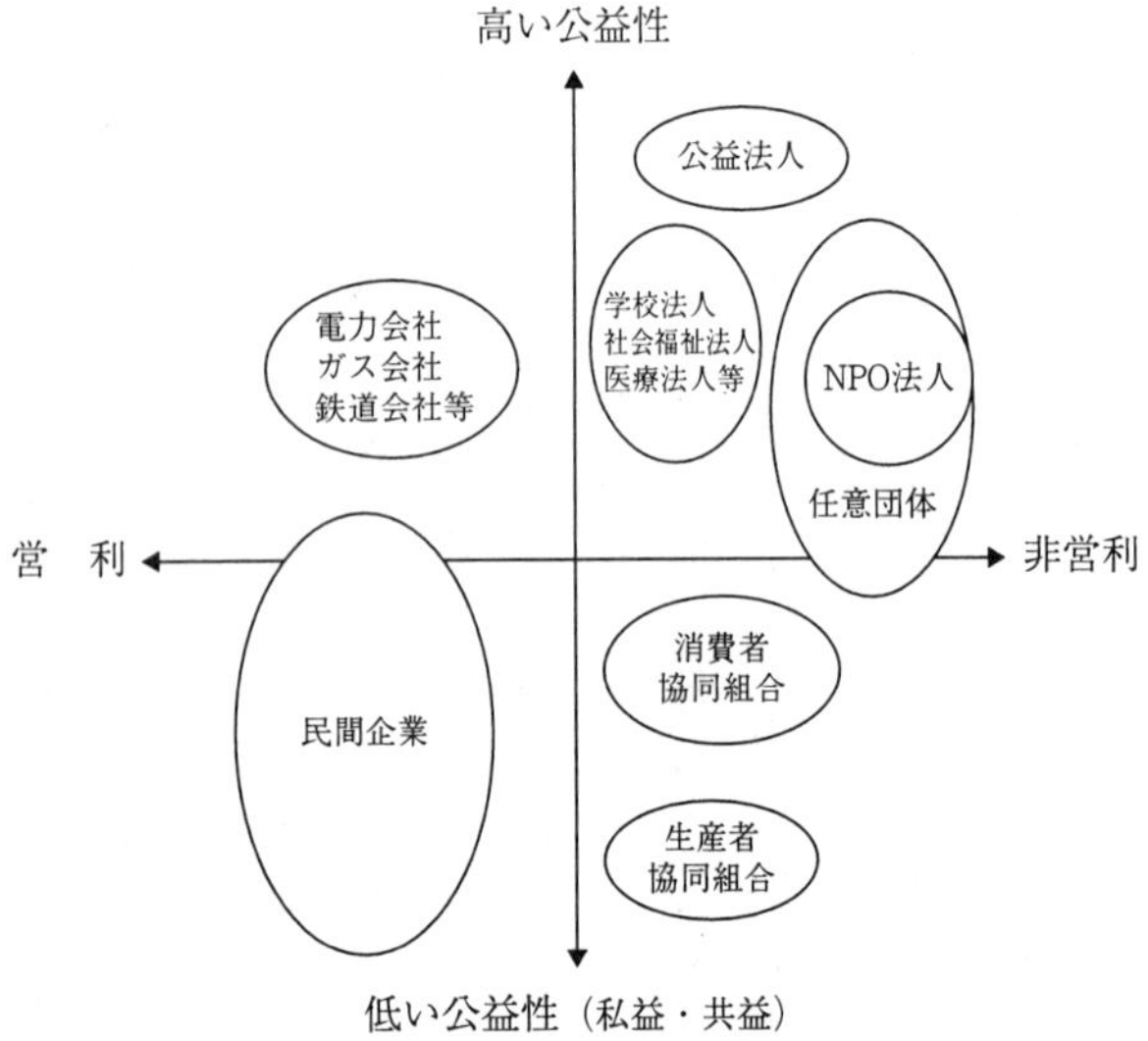

また、制度や仕組みを解説するには、特定非営利活動法人に絞った方が理解しやすいですので、範囲をぐっと狭めて、その略称であるＮＰＯ法人と表記しています。特定非営利活動促進法についても、ＮＰＯ法と略称しています。

第2章　ＮＰＯの分類

ＮＰＯの分類の仕方にはいくつかありますが、ここでは、２つご紹介しておきます。

その１つは、成果の実現期間と資金源による分類です（図表2参照）。河口弘雄氏は、マーケティングの観点から、ラブロック＝ウェインバーグ（１９９１）の見方を検討したうえで、成果の実現に至る期間と主な資金源によるＮＰＯの分類を提示しています（河口、２００１、p.151）。ここでは、サービスの受益者から見て、自分の受けたサービスの成果が実現する期間が短期間に現れる性質のものと、長期を要する性質のものとに分けています。そのうえで、資金源の面から会費・寄付が中心となっている寄付型と、料金収入が中心となっている事業型とに分けています。以下、縦の欄と横の欄との組み合わせで見ていきます。

初めに、成果の実現が短期的で寄付型のＮＰＯについてです。このタイプのＮＰＯは、災害などの緊急時に活躍する団体の多くがあてはまるとしています。たとえば、地震や津波などの大規模災害が起こった場合、伝統的なマスメディアだけでなく、インターネットなどの

図表2　成果の実現期間と資金源によるNPOの分類

	成果の実現が短期的	成果の実現が長期的
寄付型	災害救助団体など	自然保護団体など
事業型	美術館，病院など	老人福祉・介護団体など

出所：河口弘雄『NPOの実践経営学』同友館，2001年，p.151，図表10－3を修正。

さまざまなメディアを通じてすぐに寄付金を集めることが可能です。集まった寄付金をもとに、現場で救助活動を展開し、それを成果とすることができます。

次に、成果の実現が短期的で事業型のNPOについてですが、このタイプのNPOは、行政との競合関係にある団体が多いようです。美術館、病院などが例としてあげられています。

3つ目は、成果の実現が長期的で寄付型のNPOです。この種のNPOとして、自然保護団体や、政策提言型団体、途上国開発援助団体などがあげられていますが、成果を実現することについて、必ずしも受益者が意識していない、あるいは、受益者の賛成が得られないなど、むつかしい面があるようです。

最後に、成果の実現が長期的で事業型のNPOです。この種のNPOは行政との補完関係にある団体が多いようです。つまり、行政の事業を肩代わりするわけです。

また、マーケティング手法の応用という観点から見た場合、成果の実現が短期的なNPOは、民間企業の中でもサービス業のマーケティング手法が応用できるとのことです。マーケティング手法の応用という点で最もむつかしいと思われるのは、成果の実現が長期的で寄付型のＮＰＯです。このタイプのＮＰＯは、最もＮＰＯらしいＮＰＯともいえますが、事業内容や成果が見えにくいなどの点で、「契約の失敗」の可能性が高いとされています（河口、２００１、p.152）。この「契約の失敗」については、第10章で説明します。

もう1つの分類の仕方は、大きく3つのタイプ―慈善型ＮＰＯ、監視・批判型ＮＰＯ、事業型ＮＰＯ―に分類するものです。谷本寛治氏は、アメリカのＮＰＯを「(ＮＰＯ活動が広がりをみせた）時期」、「活動内容」、「組織運営」、「主たる資金源」、「企業・政府との関係」という5つの側面から整理しました（奥林・稲葉・貫編著、２００２、p.35)。これを日本のＮＰＯの状況に当てはめることを試みたのが、図表3です。

慈善型ＮＰＯは、アメリカ社会に伝統的なタイプのＮＰＯであり、寄付金を主たる資金源としながら、ボランティアが組織運営の中心となって慈善活動を展開しています。企業や政府とは基本的に独立した関係にあるが、近年は企業とのコラボレーションもみられるようです。日本では、措置費に依存した活動を展開していた福祉分野のＮＰＯもこのタイプのＮＰＯに分類することができます。

図表3　日本におけるNPOの類型

	慈善型NPO	監視・批判型NPO	事業型NPO
時期	伝統的	主として1960年代後半～70年代以降	主として2000年以降
活動内容	慈善活動	企業や政府の活動に対する監視，批判，要求	社会的サービスの供給，調査，情報提供
組織運営	ボランティア中心	ボランティア中心	有給スタッフ，専門家（有資格者）中心
主な資金源	会費，寄付，補助金（措置費等）	会費，寄付	事業収入
企業・政府との関係	独立，依存，協働	独　立	独立・協働

出所：奥林・稲葉・貫編『NPOと経営学』中央経済社，2002年，p.35を修正。

監視・批判型ＮＰＯは、１９６０年代後半から70年代にかけて拡大し、環境や人権、反戦などのような問題について、企業や政府の活動に対する監視、批判、要求を展開するＮＰＯです。当然のことながら、企業や政府から独立しています。主な資金源は寄付金ですが、組織運営面では、ボランティアによるものとプロのスタッフによるものとがみられるようです。日本では、水俣病などの公害を監視・告発するＮＰＯや、近年では、議会や行政の不正・不当な行為を監視し、是正することを目的として活動している市民オンブズマンなどがこの範疇に入ります。

アメリカで１９８０年代から90年代

以降にかけて広がりをみせているのが事業型ＮＰＯです。このタイプのＮＰＯは、プロのスタッフが社会的サービスの供給、情報提供、調査、政策提言を実施することで事業収入を増やしています。企業・政府との関係は、独立・競合にありながらも、自主・自立を基本としたコラボレーションを行うこともあります。日本では、福祉政策の転換点となった介護保険制度が２０００年４月からスタートし、介護保険サービス事業者として福祉系のＮＰＯ法人が次々と設立されていることを考えあわせると、事業型ＮＰＯが台頭してきたのは、２０００年以降のこととみることができるのではないでしょうか。

第3章　NPOセクターの社会的機能

NPOセクターの社会的機能（社会に果たす役割）として、次の8つをあげることができます。

（1）行政サービスの補完機能
（2）従来型社会サービスの改善機能
（3）新しい社会サービスの創出機能
（4）さまざまな寄付の受け皿機能
（5）雇用の創出機能
（6）女性、高齢者の社会参画促進機能
（7）地域社会の新しい紐帯機能
（8）自立的・自律的な市民社会の創造機能

以下、順を追って説明していきます。

NPOの社会的機能の1つ目は、行政サービスの補完機能です。これは、行政サービスの届きにくいような地域で、委託事業として行政に代わって住民にサービス提供する、あるいは、財政難で削減対象になったサービスを引き継いで提供するというような機能です。介護保険事業や子育て支援事業などに見られますが、いわば、肩代わり機能ですね。

2つ目は、従来型社会サービスの改善機能です。これは、以前は行政や企業が提供していた社会サービスをもっと便利にする、より安く提供する、あるいは、もっときめ細かく対応する、といったような機能です。たとえば、企業でもNPOでも福祉サービスを提供することができますが、企業としては採算を見込めないので、なかなか対応してくれないという場合、NPOが一人一人の要望に応じて対応するというようなことです。

3つ目は、新しい社会サービスの創出機能です。これは、従来、どこにもなかった新しい社会サービスを開発し、提供するという機能です。たとえば、不登校の児童・生徒たちの行き場として、フリー・スクールをつくるというようなケースや、DV（ドメスティック・バイオレンス）の被害者に対してシェルター（避難所）を提供するというようなケースが、その好例です。

4つ目は、さまざまな寄付の受け皿機能です。この場合のさまざまな寄付という意味は、通常の金銭の寄付だけでなく、時間や労力、さらには専門知識まで含めています。たとえば、悩みを持っている子どもたちからの電話相談に乗るチャイルド・ラインというNPOがありますが、ある人がボランティアとして1週間のうち2時間を電話番にあてるとすれば、その場合は、2時間という時間を割いて寄付してくれたことになります。また、電話をかけてくる子どもたちへ対応するというとき、場合によっては、相当の専門知識が必要になることもあるでしょう。そういう場合は、専門知識の寄付ということになります。また、たとえば、イベントの案内を封書に入れて発送するといった、何か簡単な作業をしてくれる場合は、労力を寄付したということができます。

5番目は、雇用の創出機能です。これは、文字通り、NPOでの有給職員として新たに雇用を生み出す働きです。筆者も所属している日本NPO学会にはメーリング・リストがありますが、この中でたびたび有給職員募集のお知らせが流されます。これは蛇足ですが、やはり、給与は大都市の方が地方より少し高めという印象です。

6番目として、女性、高齢者の社会参画促進機能をあげることができます。ご存じの方も多いと思いますが、一頃と異なって、結婚まで企業で働く女性は多くなっているようです。しかし、妊娠・出産を機に退職するケースが依然として多いと思います。そのような女性たちが子育ての一段落した頃に再就職する、あるいは、社会復帰をする場の1つとして、NPOがあります。また、定年退職者を含めて、元気な高齢者が自己実現をする場の1つとして、NPO、

ＮＰＯが注目されています。

７番目に、地域社会の新しい紐帯（ちゅうたい）機能があげられます。紐帯とは、絆（きずな）と言い換えることができます。今や、地域社会は、都市、農産漁村を問わず、崩壊の危機に瀕しているなどといわれていますが、住民参画型の地域おこしに取り組むＮＰＯ活動を通じて、地域が活性化するだけでなく、住民同士の連帯感が高まる、ということもあるのです。地域社会における新しい形での助け合いともいえるでしょう。

そして最後に、自立的・自律的な市民社会の創造機能です。昨今の主導的なＮＰＯに携わる人々に共通するのは、何か社会に問題を感じたというとき、同じ問題意識を持った者同士がＮＰＯを立ち上げ、みずからができることを模索しながら、解決に向かうという姿勢です。これから民間企業、行政（政府）に続く第３のセクター（部門）として、ＮＰＯがつくり出していくものと期待されている社会のあり方にも通じます。この点について、旧知のＮＰＯ関係者から、つい最近、残念な話を耳にしました。この方がＮＰＯで活躍している県内での話なのですが、最近、ＮＰＯを立ち上げた直後から、行政に対して、ＮＰＯに補助金を出すのは当然とばかりに要求するという風潮が出てきている、というのです。こういうＮＰＯが大多数を占めるようになったら、日本には「民主」主義は根づかないということになるのでしょうね、と嘆いておられました。本書の読者の皆さんは、どう思われますか。

第4章　NPO法人の現状と課題

NPO法人数の推移

NPO法施行1年後の1999年12月末時点で、全国でNPO法人として認証された団体数は、1、176団体でした。それが法施行から5年後の2003年12月末には14、657団体と約12・5倍に増加し、10年後の2008年12月末には36、298と約31倍もの増加ぶりを見せました。そして、2016年4月末現在、認証数は50、902団体に達し、法施行後、右肩上がりで増え続けています。NPO法人は、さまざまな社会問題の解決に挑む組織ですので、裏を返せば、社会問題が一向になくならないことを反映しているともいえます。

一方で、認証されなかった団体数も徐々に増え始め、2004年12月末に100台だったものが、2007年6月末には400団体となり、2012年2月末と3月末にそれぞれ811団体、823団体と800台に達しました。その後、同年4月末から8月末まで600台に低下し、同年9月末から2014年4月末まで700台、同年5月末以降、800

図表4　NPO法人の認証数・不認証数・解散数の推移

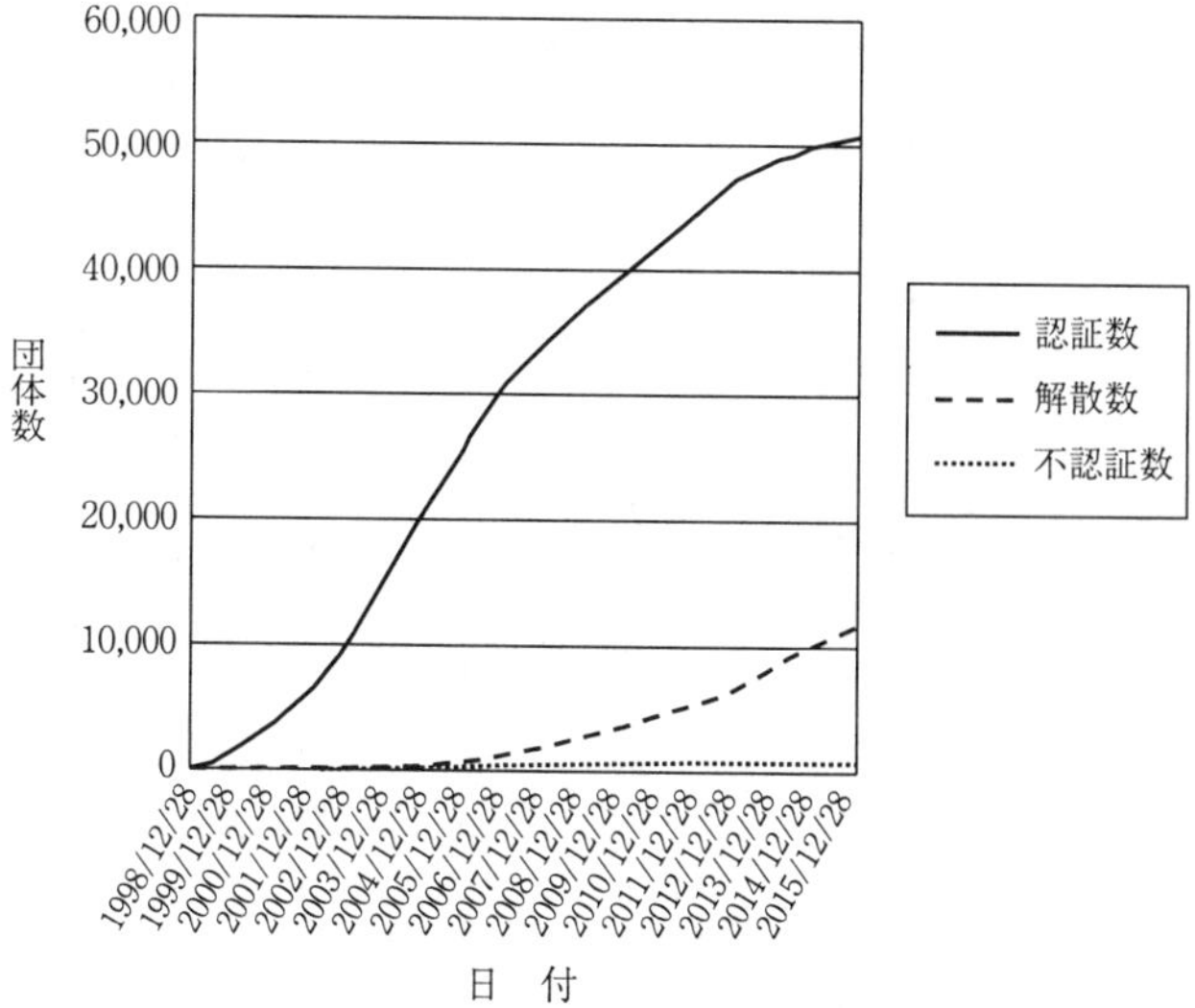

出所：内閣府NPOホームページより統計表をダウンロードし，筆者作成。

台で推移し、2016年4月末現在、811団体となっています。また、解散団体数については、2001年2月末まで0で推移していましたが、同年3月末に7団体を記録して以降、認証数と同様、ほぼ右肩上がりで推移し、10年後の2011年3月末に4、499団体となり、2016年4月末現在、12、092団体と急増ぶりを見せています（図表4参照）。

解散事由については、特定非営利活動促進法第31条に定められている7つの事由のうち、2016年4月末現在、「社員総会の決議」（9、064団体）が最も多く、全解散数（12、092団体）の約75%を占めていますが、当初からこの傾向は一貫して続いています。ただし、社員総会で解散決議に至った事情なり理由なりについては、各団体の議事録を見てみなければわかりません。

次に多い事由は「第四十三条の規定による設立の認証の取消し」であり、約23%（2、780団体）となっていますが、「社員総会の決議」と合わせると、解散事由全体の約98%に上ります。この「設立の認証の取消し」による解散団体数は、2004年2月末まで0でしたが、同年3月末に6団体を記録して以降、3年後の2007年2月末に100団体となりました。8年後の2012年3月末に1、083団体、2016年4月末には2、780団体に達しています（図表5参照）。「設立の認証の取消し」が実行される場合については、以下の通りです。

①改善命令（法第42条）に違反し、所轄庁が他の方法を用いても監督の目的を達することができない場合
②3年以上にわたり事業報告書等の提出（法第29条）を行わない場合
③法令に違反しており、改善命令（法第42条）ではその改善を期待することができないことが明らかであり、所轄庁が他の方法を用いても監督の目的を達することができない場合

図表５　解散事由別推移

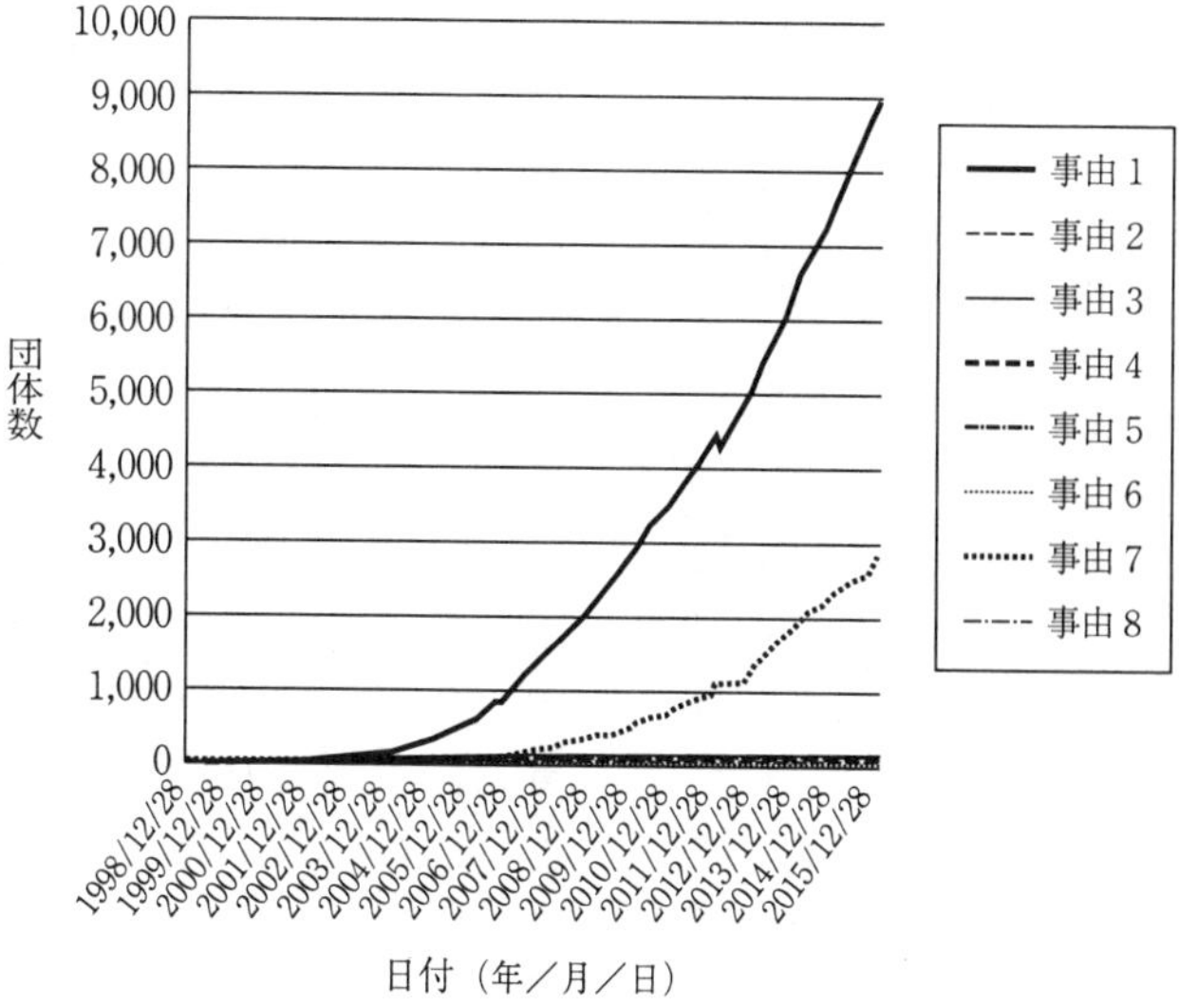

出所：内閣府NPOホームページより統計表をダウンロードし，筆者作成。

となっています。③の場合は、改善命令を経ずに設立の認証が取り消されることになります。

NPO法人の実態と課題

内閣府国民生活局の『平成17年度市民活動団体基本調査報告書』（回答したNPO法人数1、010法人、回答率33・7％）から、いくつかポイントになる点を示しておきます。

（1）平均値で見ると、年間収入＝2、147万円、社員（総会で議決権のある「正会員」など）数＝75人、1法人当たりの役員（理事、監事）数＝10人（うち、有給者＝0・7人）、1法人当たりの職員数＝7人（うち、有給者＝5人）となっている。ただし、年間収入1、000万円未満の法人が6割、社員数30人未満の法人が5割を占める。

（2）運営上の課題（複数回答）としては、「活動資金の不足」という回答が最も多く、71・5％で、「スタッフ数の不足」が2番目に多く、52・4％を占めている。また、「特に課題はない」と回答した法人は、6・1％にすぎない。

（3）NPO法人が重要だとする行政施策（複数回答）は、「活動資金の助成」が最も多く、71・8％にのぼる。次いで、「協働事業の推進」が44・8％となっている。

次に、独立行政法人経済産業研究所が、平成19（2007）年3月に出した『平成18年度NPO法人の活動に関する調査研究（NPO法人調査）報告書』（有効回収数2、636票、有効回収率23・0％）から、資金と人材に関連する数値を見てみましょう。

（1）平成17年度における特定非営利活動の全収支規模（当期収入額＋前期繰越金＝当期支出額＋次期繰越金、無回答・無効を除く）は、平均1、888万円で、1、000万円未満の法人が64・3％を占め、500万円未満の法人も51・2％と過半数を超える。100万円未満の法人の割合がこの3年間で増加傾向にある。活動分野別に見ると、NPO法上の17分野のうち、平均額を上回ったのは、「地域安全活動」の約4、870万円を筆頭に、「科学技術の振興を図る活動（約4、030万円）」、「第17号 前各号に掲げる活動を行う団体の運営又は活動に関する連絡、助言又は援助の活動（約3、940万円）」、「国際協力の活動（約2、880万円）」、「保健・医療又は福祉の増進を図る活動（約2、430万円）」、「男女共同参画社会の形成の促進を図る活動（約1、940万円）」の6分野である。最も少なかったのは、「災害救援活動」の約162万円であった。

（2）同時期の特定非営利活動の内訳を見ると、「会費・入会金収入」が50万円未満の法人の割合が71・3％に達する一方、「事業収入」については、10万円未満が21・6％と最多であるが、100万円以上500万円未満が20・5％と2番目に多い。500万円以上では35・1％となり、「会費・入会金収入」の場合、500万円以上の割合が4・9％であることから、「事業収入」の方が収入増につながりやすいと推測できる。

（3）その「事業収入」の内訳を見ると、「認可事業（介護保険、支援費等）」の場合、10万円未満が42・7％と最多であるが、1、000万円以上では35・5％となり、二極化の様相を呈している。「行政の委託事業」でもやはり、10万円未満が34・4％と最多を占め、100万円未満では52・6％と過半数を超える。「民間の委託事業」については、10万円未満が圧倒的に多く、60・7％を占め、100万円未満では77・7％となる。官民を問わず、総じて、委託事業は非常に安いという印象である。「自主事業」の場合は、100万円以上500万円未満が27・9%と最多を占める一方で、10万円未満が20・3%、10万円以上50万円未満が19・0%と続いている。

(4)「行政からの補助金収入」、「助成団体からの助成金収入」の場合でも、最も大きな割合を占めるのは10万円未満で、それぞれ、42・7%、42・3%となっている。「行政からの補助金収入」については、100万円以上500万円未満が18・5%、10万円以上50万円未満が18・3%と続いている。「助成団体からの助成金収入」の場合も、100万円以上500万円未満が22・1%、10万円以上50万円未満が20・2%と、同様の傾向が見られる。

(5)「寄附金・協賛金収入」で最多を占めるのは、10万円未満で49・8%、50万円未満では72・4%となる。

(6)「その他収入」でも10万円未満が圧倒的に多く、70・1%を占め、50万円未満では85・7%に達する。

(7)「その他事業からの繰入金」の場合も同様で、10万円未満が89・6%、50万円未満では94・0%に達する。

(8)「今後活用したい資金調達方法」としては、「事業収入」が61・3%と最も多く、次いで、「会費」（47・8％）、「助成金」（47・6％）、「寄附金」（35・5％）と続いている。

（9）「NPO法人の活動を資金面から支えていくために必要なこと」として、「国や自治体が助成金など、財政支援を拡充する」（59・8％）と「寄附に関する優遇税制を拡充し、市民や企業が寄附をしやすくする」（49・3％）をあげる法人が、ほかの選択肢の回答率（16・5～0・5％）に比べて、特に多くなっている。

（10）「資金面以外でNPO法人の活動を支えていくために必要なこと」として、比較的回答率が高かった選択肢（30％以上）は、「NPOと行政との協働の促進」（67・0％）、「NPOの組織や活動に対する認知度や社会的地位の向上」（63・3％）、「NPOと企業との協働の促進」（43・6％）、「活動の場の提供」（33・3％）となっている。

前述の『平成17年度市民活動団体基本調査報告書』から10年後に発表された『平成27年度特定非営利活動法人及び市民の社会貢献に関する実態調査報告書』（回答したNPO法人数1、767法人、回収率35・7％）ではどうなっているのでしょうか。本報告書では、認定・仮認定NPO法人と認定・仮認定を受けていないNPO法人の両者を比較する形になっていますが、ここでは、平成17年度の報告書のデータと比較するため、認定・仮認定を受けていないＮＰＯ法人のデータを取り上げることにします。なお、平成17年度分ではＮＰＯ法人の年間収入を尋ねていましたが、平成27年度分では特定非営利活動に係る事業についての1法人あたりの「収益合計」としていて、その他事業から生じる収益については尋ねていません。これはおそらく、平成26年度の報告書で、特定非営利活動に係る事業の収益割合が95・5％となっていることから、特定非営利活動に係る事業についての収益合計だけでも全体的な傾向がわかるということなのではないかと思われます。

（1）平均値で見ると、特定非営利活動に係る事業の1法人あたり「収益合計」は4、708万円、「費用合計」は4、554万円、「収支差額」は154万円である。社員（いわゆる「正会員」など）数は40・9人、職員数は15・6人（うち常勤有給職員6・9人）となっている。また、特定非営利活動事業の収益合計の分布をみると、「1、000万円超〜5、000万円以下」が38・1％と最も多く、「5、000万円超〜1億円以下」＝14・5％、「1億円超」＝11・9％と、「1、000万円超」の法人が64・5％を占めている。ちなみに、1法人当たりの役員（理事、監事）数については、調査されなかったようである。

（2）法人の抱える課題（複数回答）の上位3項目については、「人材の確保や教育」＝76・8％、「収入源の多様化」＝57・5％、「法人の事業運営力の向上」＝44・1％となっている。

（3）特定非営利活動事業収益の内訳をみると、「事業収益」＝77・1％、「補助金・助成金」＝13・9％、「寄附金」＝4・2％、「会費」＝2・4％となっており、「事業収益」の占める割合が圧倒的に高い。また、「1、000万円超」の「事業収益」を得ているNPO法人の割合が53・1％に達しているが、「補助金・助成金」、「寄附金」、「会費」については、それぞれ、15・3％、5・3％、2・3％となっている。一方、「事業収益」が100万円以下である法人の割合は23・7％で、「補助金・助成金」、「寄附金」、「会費」については、それぞれ、55・9％、74・8％、82・7％となっている。

（4）今後の活動を発展させるに当たって必要と考える行政による資金面以外の環境整備（複数回答）については、「公共施設等活動場所の低廉・無償提供」が67・4％と最も多くなっており、「市民・企業等が法人の活動情報を得られる仕組みなどの環境整備」が48・4％、「法令・経理等に係る研修の機会の提供」が32・8％となっている。「行政からの支援は必要ない」は1・0％に過ぎない。

以上3つの調査は、調査時期が異なり、調査対象も同一法人ではないのですが、一定の傾向は読み取れると思います。要するに、4つの経営資源（ヒト、モノ、カネ、ジョウホウ）

のうち、ヒト（＝人財）とカネ（＝資金）の問題が非常に大きい、ということです。確かに、ある程度の給与と社会保険をきちんと支給しなければ、それなりの「人財」を雇うことが難しくなります。しかし、このことは、「皆で知恵を出し合って、カネを稼げば、いいヒトが雇えるようになる」ともいえるわけです。そこで、各ＮＰＯ法人は、「事業収益」の確保に力を入れてきたのですが、最近では「事業収益」に偏っているので、「収入源の多様化」とそのための「法人の事業運営力の向上」が今後の課題である、としているのでしょう。実際、10年前と比較してみますと、年間収入1、０００万円未満の法人が6割、社員数30人未満の法人が5割を占めていたのが、1、０００万円超の法人が6割以上を占めるようになり、平均社員数が41人程度になっています。また、運営上の課題として、「活動資金の不足」をあげる法人が7割であったのが、ＮＰＯらしさを表す「収入源の多様化」をあげる団体が6割近くに達しています。いわば、日本のＮＰＯセクターの問題は、量から質に移行しつつあるようです。

また、以前は、「今後活用したい資金調達方法」として事業収入や会費・寄附金、助成金をあげる法人が多数を占めていました。そして、事業収入を増やすには「ＮＰＯと行政との協働」や「ＮＰＯと企業との協働」、「活動の場」の確保が、会費・寄附金を増やすには「寄附に関する優遇税制を拡充」することや「ＮＰＯの組織や活動に対する認知度や社会的地位の向上」が、また、助成金については、国や自治体の財政支援を拡充することが必要であるとされていました。しかし現在、政府セクター（国、地方自治体）が未曾有の財政赤字を抱えている中で、NPO法人制度が拡充されてきたことを踏まえ、活動資金が行政頼みとなってしまうことを回避するためにも、今後は、認定NPO法人制度の活用などを通じて、会費や寄附金にもっと力を入れていく必要があるのではないでしょうか。

第5章　ＮＰＯ法人制度について

ＮＰＯ法は、議員立法によって、１９９８（平成10）年3月に公布され、同年12月に施行された法律です（平成十年法律第七号）。現在に至るまで、たびたび改正がなされていますが、特に、２００２（平成14）年12月には、ＮＰＯ活動の一層の発展を図ることを目的として、かなり大がかりな改正がなされました（なお、この改正も議員立法によるものです）。具体的には、ＮＰＯ活動分野を5分野追加して12分野から17分野とし、活動分野の第4号に「学術」を追加しました。また、事業区分を「特定非営利活動に係る事業」と「その他の事業」とに整理し直して、その他の事業は特別会計として処理するとされました。その他にも、「設立認証の申請手続の簡素化」、「暴力団を排除するための措置の強化」、「虚偽報告・検査忌避等に対する罰則規定の新設」、「課税の特例」などを内容とした改正が行われました。

その後、東日本大震災が契機となって２０１１（平成23）年6月に成立した改正ＮＰＯ法（施行は翌年4月1日）では、「ＮＰＯ法人に関する事務を地方自治体で一元的に実施（所轄庁を政令指定都市にまで拡大し、認定事務も地方自治体で実施する）」、「申請手続きの簡素化・柔軟化」、「未登記法人の認証取消し」、「ＮＰＯ法人が作成すべき計算書類の変更（収支計算書→活動計算書）」、「認定制度の見直し（パブリック・サポート・テスト基準を免除した仮認定制度の導入、複数の認定基準の設定、個人の寄附者に対する現行の所得税法上の所得控除と税額控除との選択制の導入、認定ＮＰＯ法人に対する監督規定の整備）」などがなされました。また、ＮＰＯ活動分野に3分野追加され、17分野から20分野となりました。

そして、5年後の２０１６（平成28）年6月、改正ＮＰＯ法が成立をみました。「ＮＰＯ法人設立や定款変更をより迅速にするために縦覧期間を２ヶ月から１ヶ月に短縮」、「貸借対照表の公告義務化、ＮＰＯ法人の登記事項から資産の総額を削除するために組合等登記令を改正、内閣府ポータル・サイトにおける情報提供の拡大」、「事業報告書等の備え置き期間を3年間から5年間に延長」、「認定・仮認定ＮＰＯ法人に義務付けられている海外送金時の報告を事前から事後に変更」、「仮認定ＮＰＯ法人の名称を特例認定ＮＰＯ法人へ変更」などがその改正点です。なお、２０１６（平成28）年6月末現在、平成28年改正ＮＰＯ法については、「準備中」となっており、施行期日については別途、政令で定められることになっています。そこで、本章では、平成28年改正ＮＰＯ法が施行されるのがいつになるのか、本稿執筆時点ではわからないため、平成23年改正の内容をもとにＮＰＯ法人制度の概要を示してみたいと思います。

NPO法の特徴

NPO法は、同法の目的や特定非営利活動の定義を示した「第一章 総則」、NPO法人の設立や管理、解散および合併、監督等について規定した「第二章 特定非営利活動法人」、「第三章 認定特定非営利活動法人及び仮認定特定非営利活動法人」、「第四章 税法上の特例」、「第五章 雑則」、「第六章 罰則」(以上、本則81条)および「附則」から成っています(資料1参照)。

NPO法第1条は、同法の目的として、「特定非営利活動を行う団体に法人格を付与」し、「運営組織及び事業活動が適正であって公益の増進に資する特定非営利活動法人の認定に係る制度を設けること等により」、「市民が行う自由な社会貢献活動としての特定非営利活動の健全な発展」を促すことによって「公益の増進に寄与すること」としています。

また、NPO法の特徴とされる点は、設立手続について「認証主義」の立場をとっているという点にあります。認証主義とは、法律で定められた要件を満たしていることを確認して証明する行政行為のことをいい、行政が関与する度合いは「認可主義」と「準則主義」の中間とされています。このことは、NPO法人の自主性や自律性を尊重しようという立場を表すものだ、といわれています。もう1つの特徴的な点は、NPO法人の情報をできるだけ公開するように定めているという点にあります。これは、行政よりも市民からのNPO法人への関与度を高め、市民からの信頼にふさわしい法人となることが意図されています。

NPO法人の要件

さて、NPO法におけるNPO法人とは、以下のような要件を備えた団体のことです。すなわち、

(1) 特定非営利活動を行うことを主たる目的とすること
(2) 営利を目的としないものであること
(3) 社員の資格の得喪に関して、不当な条件を付さないこと
(4) 役員のうち報酬を受ける者の数が、役員総数の3分の1以下であること
(5) 宗教活動や政治活動を主たる目的とするものでないこと
(6) 特定の公職者(候補者を含む)又は政党を推薦、支持、反対することを目的とするものでないこと
(7) 暴力団又は暴力団、若しくはその構成員、若しくはその構成員でなくなった日から5

年を経過しない者の統制の下にある団体でないこと

（8）10人以上の社員を有するものであること

の8項目です。これらのうち、（1）の「特定非営利活動」とは、次節で説明する20分野の活動範囲に入る活動をいいます。また、（3）については、「社員に入会・退会の自由があること」ということを意味します。ただし、この場合の「社員」とは、民間企業での「正規社員」、「非正規社員」という場合の「社員」ではなく、総会で議決権を持っている人のことです。通常は、「正会員」と呼ばれることが多いです。

原則的にはこの8つの要件をクリアし、手続きに必要な諸書類を整えて申請すれば、従来の社会福祉法人などの公益法人よりも比較的簡単に法人格の認証を受けて、NPO法人を設立することができます。

NPO法人の活動分野

ところで、NPO法では、次の20の分野が特定非営利活動として規定されています。

「第1号　保健・医療又は福祉の増進を図る活動」

「第2号　社会教育の推進を図る活動」

「第3号　まちづくりの推進を図る活動」
「第4号　観光の振興を図る活動」
「第5号　農山漁村又は中山間地域の振興を図る活動」
「第6号　学術、文化、芸術又はスポーツの振興を図る活動」
「第7号　環境の保全を図る活動」
「第8号　災害救援活動」
「第9号　地域安全活動」
「第10号　人権の擁護又は平和の推進を図る活動」
「第11号　国際協力の活動」
「第12号　男女共同参画社会の形成の促進を図る活動」
「第13号　子どもの健全育成を図る活動」
「第14号　情報化社会の発展を図る活動」
「第15号　科学技術の振興を図る活動」
「第16号　経済活動の活性化を図る活動」
「第17号　職業能力の開発又は雇用機会の拡充を支援する活動」
「第18号　消費者の保護を図る活動」

「第19号　前各号に掲げる活動を行う団体の運営又は活動に関する連絡、助言又は援助の活動」
「第20号　前各号に掲げる活動に準ずる活動として都道府県又は指定都市の条例で定める活動」

このうち、第14号から第18号までの活動分野と第6号の「学術」は、２００２年12月に追加された分野です。また、第4号と第5号、第20号の活動分野が２０１１年６月に追加されました。

内閣府発表の２０１６年３月末現在の数字で見てみると、第1号の保健・医療・福祉分野の法人数は、２９、８５３団体、全体に占める割合は58・７％と、それぞれ最も多くなっています。第2号の社会教育分野の場合は、それぞれ、２４、４３６団体、48・０％となっており、２番目に多い結果となっています。以下、第3号のまちづくり分野から第20号の都道府県または指定都市の条例で定める活動分野まで、法人数と全体に占める割合を列挙してみますと、

第3号：２２、４１５団体　44・１％、第4号：２、０３８団体　４・０％、第5号：１、８１３団体　３・６％、第6号：１８、０８４団体　35・５％、第7号：１４、０７１団体　27・７％、第8号：４、１０４団体　８・１％、第9号：６、０３７団体　11・９％、第10号：８、５８６団体　16・９％、第11号：９、５５６団体　18・８％、第12号：４、６５８団体　９・２％、第13号：２３、０８７団体　45・４％、第14号：５、７８９団体　11・４％、第15号：２、８７４

図表6　NPO法人の活動分野

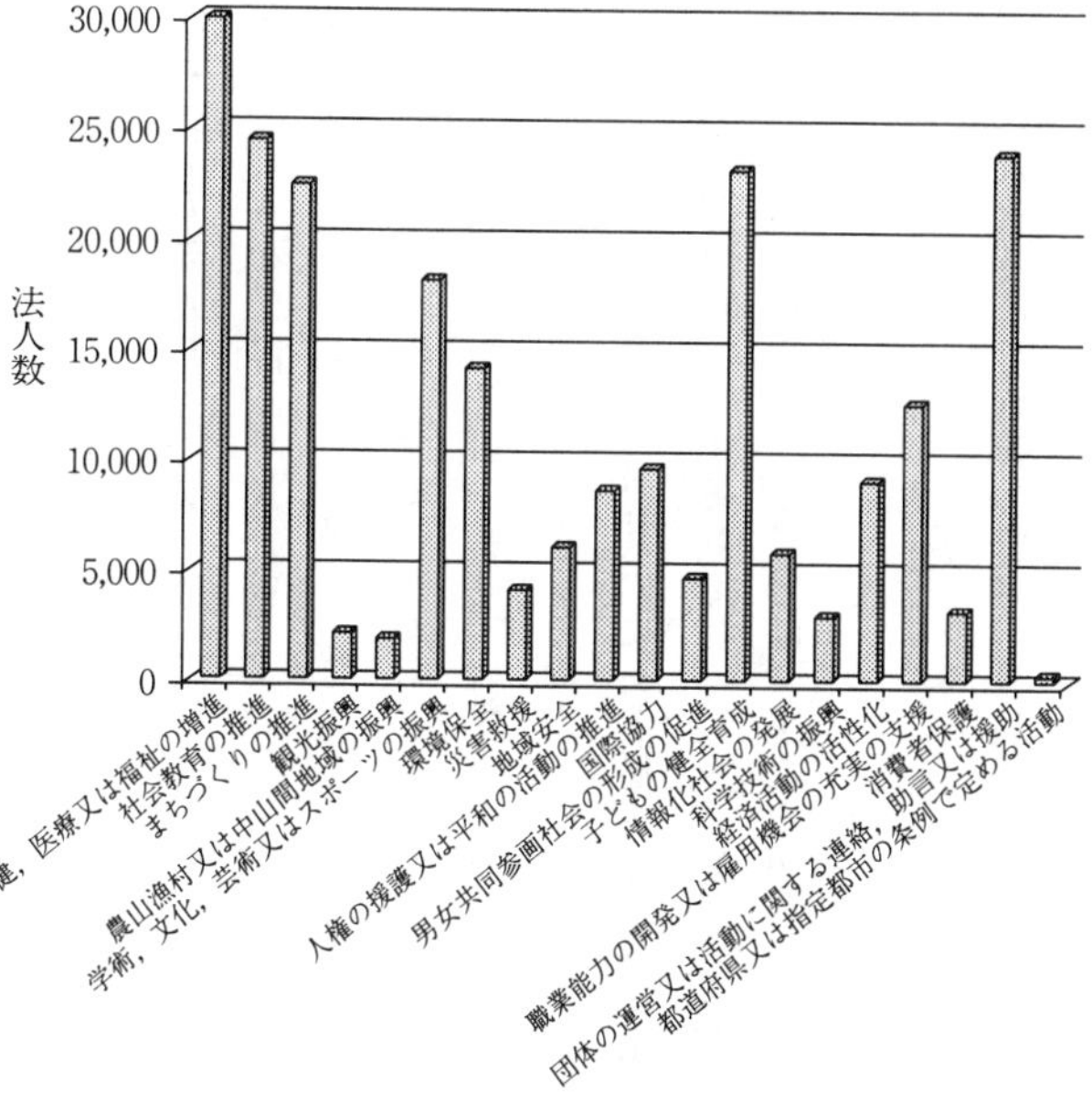

出所：内閣府NPOホームページより数値をダウンロードし，筆者作成。

団体　5・6%、第16号：9、041団体　17・8%、第17号：12、533団体　24・6%、第18号：3、176団体　6・2%、第19号：23、850団体　46・9%、第20号：195団体　0・4%となります（ただし、1つの法人が複数の活動分野の活動を行う場合があるため、合計は100%になりません）。

ここで興味深いのは、中間支援分野のボリュームがかなり大きいということです。なぜなら、今後の日本のＮＰＯ界にとって中間支援団体の役割が大変大きなものになってくるからです。この点については第12章で述べます。

ＮＰＯ法人の設立手続き

ここで、もう少し詳しくＮＰＯ法人の設立手続きについてみてみましょう。

ＮＰＯ法人を設立するためには、設立総会等の場で設立についての意思決定を行い、これを証明する議事録を作成することからスタートします。

次に、法律上必要な書類を所轄庁に提出することが必要となります。所轄庁とは、簡単にいえば、ＮＰＯ法人の認証と監督を担当する官庁のことですが、法人の事務所が１カ所であって、置かれる場所が都道府県内にある場合は、各都道府県か政令指定都市が所轄庁となります。政令指定都市内にある場合は、政令指定都市が所轄庁となります。複数の都道府県にまたがって事務所を設置する場合は、主たる事務所の所在地のある都道府県が所轄庁となります。

提出時に必要な書類は、定款、役員名簿（氏名、住所または居所、報酬の有無を記載）、役員の就任承諾及び誓約書の謄本、役員の住民票の写し等、社員のうち10人以上の者の名簿（氏名、住所または居所を記載）、確認書（宗教活動や政治活動を主たる目的としないなど、三要件の確認をした書類）、設立趣旨書、設立総会等の議事録の謄本、設立当初の事業年度と翌事業年度の事業計画書、設立当初の事業年度と翌事業年度の活動予算書の計10種類です。

所轄庁は、上記の書類を受理した日から2カ月間にわたって、提出された書類のうち、定款、役員名簿、設立趣旨書、事業計画書、活動予算書を「公衆の縦覧に供する」ことになっています。「公衆の縦覧に供する」というのは、所轄庁に行けば、一般市民の誰もが読めるようになっているということです。これもNPO法人の情報公開の一環です。

その後、所轄庁は、縦覧期間を含めて4カ月以内に認証、不認証の決定を行わなければなりません。認証された場合は、決定から2週間以内に、主たる事務所の所在地での登記所（法務局など）で設立の登記をしなければなりません。法人の設立登記が完了すると、法人が「成立」したことになります。ただし、ここで気を抜いてはいけません。

法人成立後、当該登記をしたことを証する登記事項証明書、法人設立時の財産目録を添えて所轄庁に届け出なければならないのです。従たる事務所がある場合は、その所在地でも登記を2週間以内に完了しなければなりません（ただし、これは法人成立の要件ではありません）。登記を怠ると、そのNPO法人の「理事、監事又は清算人は、20万円以下の過料に処する」とNPO法で定められていますので（法第80条1項）、要注意です。また、設立の認証を受けた者が認証された日から6カ月を経過しても登記をしないときは、所轄庁は認証を取り消すことができます（法第13条3項）。

法人格取得後の義務

法人格取得後、NPO法人にはいくつか義務が生じます。その義務の1つとして、そのNPO法人の社員やその他の利害関係人（サービスの受益者や資金提供者など）から関係書類の閲覧請求があった場合は、正当な理由を除いて、請求に応じなければならない（法第28条3項）ことがあげられます。請求に応じなければならない書類は、以下のとおりですが、これも市民からの信頼を得るための情報公開の一環とされています。

事業報告書等（事業計画書、活動予算書、財産目録）、役員名簿、定款等（定款、認証に関する書類の写し、登記に関する書類の写し）

さらに、法人格取得後の義務として、納税もあります。税の種類は以下の通りですが、注意しなければならないのは、たとえ特定非営利活動に係る事業であっても、法人税法上、かなりの割合で収益事業とみなされ、課税対象となり得るということです。これは、法人税法で34業種が収益事業と規定されていますが、NPO法人の行う事業のほとんどが34業種の範囲内に収まるとみなすことができるから、ということのようです。なお、税の種類や税額については、税制改正に伴って変更になる場合もありますので、注意を要します。

1　国　税

・法人税率

年間所得800万円以下…15・0%　　年間所得800万円超…25・5%

復興特別法人税…法人税額×10%

・消費税

※法人の場合、その課税期間の基準期間（原則として前々事業年度）における課税売上高が1、000万円以下の事業者については、消費税納税の義務が免除されます。課税売上が1、000万円超5、000万円未満の法人については、簡易課税方式を選択できます。ちなみに、対価性のないもの（補助金、助成金、寄附金、会費など）や課税になじまないもの（有価証券等の譲渡、行政手数料、国際郵便為替など）、政策的に課税が免除されるもの（介護保険事業や支援費事業などの社会福祉事業、埋葬料、火葬料、助産、身体障害者用物品など）は、課税売上高に含まれません。なお、業務運営にあてられる会費とは別に、セミナーや講演会などの会費がありますが、これは、物やサービスの対価と認められますので、課税取引となります。

実際の計算方法はかなり複雑になりますので、税務の専門家に相談するとよいでしょう。

2　地方税

（1）道府県民税、市町村民税

・均等割の標準税率

道府県民税…2万円　　市町村民税…5万円

※均等割は、所得の有無にかかわらず、地方公共団体内に事務所等を有する法人について課税されます。なお、地方公共団体によって、税額が異なる場合があります。また、一定の条件（法人税法上の収益事業を行っていない等）を満たす場合には、減免措置が実施されています。その際、自動的に減免措置がなされるのではなく、NPO法人からの申請が必要となりますので、ご注意ください。いずれにしても、詳しくは、法人事務所の所在地の地方公共団体にお問い合わせください。

・法人税割の標準税率

道府県民税…法人税額の5・0％（制限税率6・0％）

市町村民税…法人税額の12・3％（制限税率14・7％）

※法人税割は収益事業から生じた所得に対して課された法人税を基礎に課税されます。

（2）事業税（道府県税）
・事業税の標準税率
年間所得400万円以下…3・4％
年間所得400万円超～800万円以下…5・1％
年間所得800万円超…6・7％
※事業税は、収益事業から生じた所得に対して課税されます。
・地方法人特別税…法人事業税額×43・2％
※地方法人特別税は、地域間の税源偏在を是正するための暫定措置として、法人事業税の税率引下げとあわせて、創設されました。平成20年10月1日以降開始の事業年度から適用されています。地方法人特別税は国税ですが、その収入額に相当する額が地方法人特別譲与税として都道府県に譲与されるという仕組みになっていますので、法人事業税とともに都道府県に納税を行うことになります。

NPO法人の罰則規定

NPO法人にはさまざまな罰則規定があり（法第6章）、金銭罰（犯罪の処罰としての罰金と行政処分としての過料）も処されます。罰金については、NPO法第77条～79条に規定されており、過料については、同法第80条〜81条に規定されています。

たとえば、あるNPO法人の理事、監事、または清算人が、法令違反や定款違反などの疑いがあると認められる場合は、所轄庁は、業務や財産に関する報告をさせたり、そのNPO法人の帳簿や書類について立ち入り検査をしたりすることができます（法第41条1項）。このとき、もし、虚偽報告や検査忌避などをした場合、そのNPO法人の理事、監事、または清算人には、罰則規定が適用され、20万円以下の過料に処せられることになっています（法第80条10項）。

NPO法人の解散

NPO法第31条では、NPO法人の解散について規定されています。解散の事由として「社員総会の決議」、「定款で定めた解散事由の発生」、「目的とする特定非営利活動に係る事業の成功の不能」、「社員の欠亡」、「合併」、「破産手続き開始の決定」、「第四十三条の規定による設立の認証の取消し」の7つが列挙されています。これらのうち、「合併」、「破産手続き開始の決定」について、もう少し説明しておきましょう（ちなみに、2016年4月末時点でNPO法人の解散事由全体の98％を占めている「社員総会の決議」と「第四十三条の規定による設立の認証の取消し」については、第4章でふれました）。

合併には「吸収合併」と「新設合併」という2つのケースが想定されています。前者は、合併を実施する法人のうち一方の法人だけが存続し（存続法人）、もう一方の法人は消滅する（消滅法人）、というケースです。これに対して、後者は、合併を実施するすべての法人がいったん消滅法人となり、新たにNPO法人を設立する（新設法人）というケースです。なお、存続法人や新設法人は、消滅法人のすべての権利義務を承継することになりますので、清算の手続は不要であるとされています。また、NPO法では、NPO法人同士での合併しか認められていませんが、ほかの形態の法人（たとえば、社会福祉法人や財団法人など）と合併する場合は、それぞれの法人がいったん解散して、新たな法人を設立する、ということになるようです。その場合、新法人の関係する法律等にも注意を払う必要があります。

NPO法人が破産する原因には、大きく分けて「支払不能」と「債務超過」とがあります。NPO法人が債務超過に陥った場合は、NPO法では、理事に対してただちに破産の申立てを行う義務が課されています（法第31条の3第2項）。これに違反した場合は、20万円以下の過料に処せられることもありますので、注意を要します（法第80条）。安易な事業拡大に走ったり、債務を抱えたままがんばり続けたりするよりも、債務額が少ないうちにNPO法人を解散し、新たな起業のチャンスに備えることの方がより良い選択に繋がる場合もあるかもしれません。

認定・仮認定NPO法人制度

２００１（平成13）年10月からスタートした「認定NPO法人制度」は、アメリカの「パブリック・チャリティ」制度（第11章参照）をお手本として導入されました。実は、日本では、この制度が導入されるまで、特に、個人に対するNPO法制度の特典（アメリカのパブリック・チャリティに対するような、寄附税制上の優遇措置）は設けられていませんでした。後述するように、アメリカのNPO制度では、設立当初から連邦所得税が免除され、公益性が高くなるにしたがって寄附金等に関する税制上の特典も大きくなるという仕組みになっています。

さて、認定NPO法人制度とは、どのような制度なのか。認定NPO法人制度は、「運営組織及び事業活動が適正であって公益の増進に資する」（法第44条）NPO法人に対し、国税・地方税の優遇措置を講じることによって活動支援を行う制度です。認定期間は5年間ですので、NPO法人は5年ごとに申請し、認定を受けることが必要です。ただし、設立から5年以内の新たに設立されたNPO法人の場合、「運営組織及び事業活動が適正であって特定非営利活動の健全な発展の基盤を有し公益の増進に資すると見込まれるもの」については、所轄庁から仮認定を受けることができます。これを仮認定特定非営利活動法人（以下、仮認定NPO法人）といいます。

優遇を受けるのは、個人の寄附者、法人の寄附者、認定ＮＰＯ法人の三者です。以下では、順を追って、その概要を説明していきます。

個人の寄附者に対する税の優遇措置には、①「寄附した金額の所得控除（所得税）」、②「寄附した金額の税額控除（所得税・住民税）」、③「遺贈・相続財産寄附の非課税」の3種類があります。①は、所得税を算定する際に「（認定・仮認定ＮＰＯ法人に寄附した金額の年間合計額－2，000円）×所得税率」をその年の総所得金額等から控除する、というものです。②は、「（認定・仮認定ＮＰＯ法人に寄附した金額の年間合計額－2，000円）×40％」をその年の所得税額から控除するものです。ただし、①、②ともに年間合計寄附金額は、年間総所得金額等の40％が上限となっています。個人の寄附者は、所得税については、①、②のうちどちらかを選ぶことができますが、住民税については、以下の計算式で算定した税額控除しかありません。「（認定・仮認定ＮＰＯ法人に寄附した金額の年間合計額－2，000円）×最大10％（都道府県指定分4％＋市町村指定分6％）」です。この場合の年間合計寄附金額は、年間総所得金額等の30％が上限となっています。また、住民税については、寄附者の住民票のある地方公共団体ごとに扱いが異なりますので、確認する必要があります。

③は、相続人が遺贈・相続によって取得した財産を相続してから10カ月以内に認定ＮＰＯ法人に寄附をすると、相続税を算定する際に、寄附分が非課税になる、というものです。遺

贈（故人が遺言等に基づいて認定ＮＰＯ法人等に寄附すること）については、ＮＰＯ法人や仮認定ＮＰＯ法人に寄附した場合にも非課税となりますが、相続については、ＮＰＯ法人や仮認定ＮＰＯ法人に寄附した場合、非課税となりませんので、要注意です。さらにいえば、相続に関する法律や税制は大変複雑であるため、個々のケースについては、専門家に問い合わせることが必要です。

法人の寄附者に対する優遇措置としては、法人税を算定する際に、「一般の寄附金に係る損金算入限度額」（一般枠）と「認定・仮認定ＮＰＯ法人等（特定公益増進法人）に対する寄附金に係る損金算入限度額」（特別枠）の合計分を上限として、法人税への損金として算入することができますので、その分、法人税の課税がされない、ということがあげられます（ＮＰＯ法人の場合には、「一般の寄附金に係る損金算入限度額」分だけが法人税への損金として算入することができます）。なお、損金算入限度額には４種類の算定式が定められています（資本金等のある法人の一般枠と特別枠、資本金等のない法人の一般枠と特別枠）。たとえば、資本金等のある法人の一般枠の場合、（資本金×０・25％＋所得金額×２・５％）×１／４となっています。また、資本金等のない法人にはＮＰＯ法人も含まれていますので、ＮＰＯ法人が認定・仮認定ＮＰＯ法人に寄附をすると、一般枠と特別枠の合計分を上限として損金算入が認められます。

いずれにしても、同じ寄附をするなら、ＮＰＯ法人よりも認定・仮認定ＮＰＯ法人にした方が有利になることがわかると思います。

認定ＮＰＯ法人に対する優遇措置として、「みなし寄附金制度」が設けられています。みなし寄附金制度とは、収益事業から得た利益を非収益事業（特定非営利活動に係る事業で法人税が課税されない事業）に充てた場合、その分を寄附金とみなして、一定の範囲内で、認定ＮＰＯ法人の損金として算入することができる、という制度です。一定の範囲内とは、「所得金額の50％」または「２００万円」のいずれか多い額となっています。また、この制度は、外部への寄附金支出にも利用できます。損金算入の限度額は、この場合も「所得金額の50％」または「２００万円」のいずれか多い額となっています。認定ＮＰＯ法人内部の非収益事業と外部への寄附金の両方に利用する場合は、その合計額が「所得金額の50％」または「２００万円」のいずれか多い額ということになります。このみなし寄附金制度は、ＮＰＯ法人と仮認定ＮＰＯ法人には認められていません。

認定・仮認定ＮＰＯ法人の認定基準と欠格事由

認定ＮＰＯ法人になるには、「パブリック・サポート・テスト（ＰＳＴ）」をクリアし、「事業活動に占める共益的活動（会員等に対するサービスの提供や会員相互の親睦会など）

の割合が50％未満であること」、「運営組織及び経理が適切であること」、「事業活動の内容が適切であること」、「情報公開を適切に行っていること」、「事業報告書等を所轄庁に提出していること」、「法令違反、不正の行為、公益に反する事実がないこと」、「設立の日から1年を超える期間が経過していること」という8項目の認定基準を満たさなければなりません。

なお、仮認定NPO法人の認定に際しては、PSTに関する基準が免除されています。これは、一般に財政基盤が弱い設立当初のNPO法人を支援するという趣旨のようです。また、過去に認定や仮認定を受けたことのあるNPO法人は、仮認定を受けることができません。

さて、PSTは、そのNPO法人が世間一般の人々から広く支持を受けているかどうかを測る指標のことです。その判定に用いる基準については、「相対値基準」、「絶対値基準」、「条例個別指定」という3つの基準が用意されており、いずれか1つを選択すればよいというわけです。以下、3つの基準について簡単に説明しておきます。

①相対値基準：実績判定期間における経常収入金額に占める寄附金等収入金額の割合が5分の1以上であることを求める基準です。

寄附金等収入金額／経常収入金額≧1／5

この場合、実績判定期間とは、過去に認定を受けたことのあるNPO法人や認定の更新を受けるNPO法人の場合は、「直前に終了した事業年度の末日以前5年内に終了した各事業年度のうち最も早い事業年度の初日から当該末日までの期間」のことです。また、初めて認定を受けるNPO法人の場合は、直近の2事業年度が実績判定期間となります。

寄附金等収入とは、一言でいえば、「寄附金」や「いわゆる賛助会員の会費」のような収入のことですが、支出した人に「任意性があること」と「直接の反対給付（対価性）がないこと」という要件を備えたものをいいます。具体的には、「受け入れた寄附金総額－同一者からの寄附金のうち寄附金総額の10％を超える額の合計－同一者からの合計で1、000円未満の寄附金－氏名または名称が不明な寄附金」です。

では、経常収入とは何をいうのでしょうか。「総収入額－国・地方公共団体の補助金等－資産売却による臨時収入－同一者からの合計で1、000円未満の寄附金－氏名または名称が不明な寄附金」です。実は、上記についてもさらに詳細な決まりがありますので、実際に認定NPO法人の認定を受けたいという場合には、各所轄庁の相談窓口で相談することをお薦めします。

さらに、小規模法人用の相対値基準もあります。小規模法人の要件は下記の2つです。

・実績判定期間の総収入額／実績判定期間の月数×12＜800万円

・実績判定期間における3、000円以上の寄附者（役員、正会員等を除く）Ⅳ50人

②絶対値基準：実績判定期間内の各事業年度中の寄附金の額の総額が3、000円以上である寄附者の数が年平均100人以上であることを求める基準です。

寄附金総額3、000円以上の寄付者人数Ⅳ年平均100人

③条例個別指定：認定NPO法人としての認定申請書の提出前日までに、事務所のある都道府県または市区町村の条例により、個人住民税の寄附金税額控除の対象となる法人として個別に指定を受けていることを求める基準です。ただし、認定申請書の提出前日までに条例の効力が生じている必要があります。平成27年12月31日現在、条例指定を受けている法人は全国で297団体あり、条例指定制度を実施している自治体数は143となっています。

さらに、次のいずれかの欠格事由に該当しないことが必要です。

①役員のうちに、次のいずれかに該当する者がある法人

・認定又は仮認定を取り消された法人において、その取消しの原因となった事実があった日以前1年以内に当該法人のその業務を行う理事であった者でその取消しの日から5年を経過しない者

・禁固以上の刑に処せられ、その執行を終わった日又はその執行を受けることがなくなった日から5年を経過しない者

・特定非営利活動促進法（ＮＰＯ法）、暴力団員不当行為防止法に違反したことにより、もしくは刑法２０４条等若しくは暴力行為等処罰法の罪を犯したことにより、又は国税若しくは地方税に関する法律に違反したことにより、罰金刑に処せられ、その執行を終わった日又はその執行を受けることがなくなった日から5年を経過しない者

・暴力団又はその構成員等

②認定又は仮認定を取り消され、その取消しの日から5年を経過しない法人

③定款又は事業計画書の内容が法令等に違反している法人

④国税又は地方税の滞納処分の執行がされている又は滞納処分の終了の日から3年を経過しない法人

⑤国税又は地方税に係る重加算税等を課せられた日から3年を経過しない法人

⑥暴力団、又は、暴力団若しくは暴力団構成員等の統制下にある法人

いったん認定を受けると、その有効期間は、所轄庁による認定の日から起算して5年、仮認定の場合は3年となります。また、認定の有効期間の更新を受けようとする認定NPO法人は、有効期間の満了の日の6カ月前から3カ月前までの間に更新の申請をし、有効期間の更新を受けることとなります（仮認定は1回きりですので、有効期間の更新はありません）。

認定・仮認定NPO法人の情報公開

認定・仮認定NPO法人は、事業年度ごとに1回、役員報酬規程等や事業報告書等を所轄庁に提出しなければなりません。複数の都道府県に事務所を設置している場合は、所轄庁に加えて、所轄庁以外の都道府県にも提出しなければなりません。また、認定・仮認定NPO法人は、上記の書類について閲覧の請求があった場合には、正当な理由がある場合を除いて、これをその事務所において閲覧させなければなりません（法第52条4項）。

認定・仮認定NPO法人の推移と効果

認定・仮認定NPO法人の数は、認定基準の度重なる緩和などもあり、2012年8月末に6団体（うち認定4団体、仮認定2団体：以下、同順）であったものが、翌2013年8月末に247団体（149団体、98団体）、2014年8月末493団体（345団体、148団体）、2015年8月末789団体（596団体、193団体）、そして、直近の2016年6月24日現在、907団体（740団体、167団体）と順調に増えています。しかしながら、NPO法人全体に占める割合は、依然として、わずか1・8％程度に止まっています（図表7参照）。

認定NPO法人の効果について、内閣府国民生活局「認定NPO法人制度の活用事例集」（2006年）に掲載されている意見の中から、主なものを拾ってみると、

- 認定NPO法人の認定を受けたことで、団体の信用が増し、寄附金が毎年増えた。寄附金の額を増やしてくれた人もいた。
- 継続的に寄附をしてくれる人が増えた。
- 新規の寄附や大口の寄附も増えた。
- 認定を受けてから、遺産相続した方からの高額寄附をはじめ、万単位の寄附件数が増加した。
- 寄附を依頼しやすくなったため、寄附件数・金額ともに増加している。

・知名度や信用が増し、活動の依頼が増えた。
・企業からの寄附を受けるうえで有利になった。
・ボランティア活動の参加者が増えた。
・認定申請を通じて、事務能力が高まった。
とのことです。

いろいろと煩雑な手続きを踏まなくてはならないことはわかりますが、認定を受けた団体から出された意見を見てみると、やはり、もったいないといわざるをえません。認定・仮認定に関する基準も以前と比べると、かなり緩和されてきましたので、積極的にチャレンジしてみてはいかがでしょうか。

図表７　所轄庁による認定・仮認定 法人名簿（九州・沖縄）　　平成28年６月24日更新

所轄庁	認定	仮認定	法人名	代表者氏名	PST基準				認定・仮認定　有効期間	
					相対値	絶対値	条例指定		自	至
								自治体名		
福岡県	○		特定非営利活動法人 日本セラピューティック・ケア協会	秋吉美千代		○			平成26年７月１日	平成31年６月30日
福岡県	○		特定非営利活動法人 九州補助犬協会	櫻井　恭子		○			平成26年９月１日	平成31年８月31日
福岡県	○		特定非営利活動法人 エコけん	清水　佳香	○				(仮認定 2013/4/22) 平成27年４月１日	平成32年３月31日
福岡県	○		特定非営利活動法人 車椅子レクダンス普及会	黒木　実馬		○			平成27年８月１日	平成32年７月31日
福岡県	○		特定非営利活動法人 ソルト・パヤタス	小川　　博		○			平成28年５月16日	平成33年５月15日
福岡県		○	特定非営利活動法人 嘉穂劇場	伊藤　英昭	－	－	－	－	平成27年４月１日	平成30年３月31日
福岡県		○	特定非営利活動法人 なおみの会	立山　利博	－	－	－	－	平成27年10月１日	平成30年９月30日
佐賀県	○		特定非営利活動法人 日本IDDMネットワーク	井上　龍夫		○			平成24年８月３日	平成29年８月２日
佐賀県	○		特定非営利活動法人 中原たすけあいの会	平野　征幸		○			平成24年10月15日	平成29年10月14日
佐賀県	○		特定非営利活動法人 たすけあい佐賀	西田　京子		○			平成25年12月１日	平成30年11月30日
佐賀県	○		特定非営利活動法人 カンボジア教育支援フロム佐賀	松尾由紀子		○			平成26年10月１日	平成31年９月30日

所轄庁	認定	仮認定	法人名	代表者氏名	PST基準 相対値	絶対値	条例指定	自治体名	認定・仮認定　有効期間 自	至
佐賀県	○		特定非営利活動法人　犯罪被害者支援ネットワーク佐賀VOISS	佐藤　武	○				平成27年1月27日	平成32年1月26日
佐賀県	○		特定非営利活動法人 NPO慧燈	調　准誓		○			平成27年1月27日	平成32年1月26日
佐賀県	○		特定非営利活動法人 市民生活支援センターふくしの家	江口　陽介		○			平成27年3月12日	平成32年3月11日
佐賀県	○		特定非営利活動法人 地球市民の会	山口　久臣		○			平成27年7月1日	平成32年6月30日
佐賀県		○	特定非営利活動法人 国際協力の会MIS	古賀　等	―	―	―	―	平成25年12月1日	平成28年11月30日
佐賀県		○	特定非営利活動法人 ゆとり	中村　儀成	―	―	―	―	平成26年3月26日	平成29年3月25日
佐賀県		○	特定非営利活動法人 とす市民活動ネットワーク	鈴木登美子	―	―	―	―	平成27年5月14日	平成30年5月13日
佐賀県		○	特定非営利活動法人 有明海再生機構	楠田　哲也	―	―	―	―	平成27年6月17日	平成30年6月16日
長崎県	○		特定非営利活動法人 長崎こども囲碁普及会	田浦　直	○				平成25年6月7日	平成30年6月6日
長崎県	○		認定特定非営利活動法人 OMURA室内合奏団	嶋崎　真英		○			平成26年5月7日	平成31年5月6日
長崎県	○		特定非営利活動法人 岡まさはる記念長崎平和資料館	髙實　康稔	○				平成26年11月4日	平成31年11月3日
長崎県	○		特定非営利活動法人 長崎ベトナム友好協会	冨岡　勉	○				平成27年1月14日	平成32年1月13日

長崎県	○		特定非営利活動法人 世界遺産長崎チャーチトラスト	福地　茂雄	○				平成27年３月23日	平成32年３月22日
長崎県	○		特定非営利活動法人 長崎在宅Dr.ネット	藤井　卓	○				平成27年６月22日	平成32年６月21日
長崎県	○		特定非営利活動法人 NPOながさき	川崎　清廣	○				(仮認定 2012/9/13) 平成27年８月17日	平成32年８月16日
長崎県		○	特定非営利活動法人 おぢかアイランドツーリズム協会	尼崎　豊	－	－	－	－	平成26年３月17日	平成29年３月16日
熊本県	○		NPO法人 NEXTEP	島津　智之		○			平成26年４月８日	平成31年４月７日
熊本県	○		NPO法人 とら太の会	山下　順子		○			平成26年７月23日	平成31年７月22日
熊本県	○		NPO法人 はっぴぃ・はっぴぃ	江藤南美枝	○				平成26年11月４日	平成31年11月３日
熊本県	○		特定非営利活動法人 れんげ国際ボランティア会	川原　英照		○			平成27年８月６日	平成32年８月５日
熊本県		○	特定非営利活動法人 阿蘇花野協会	潮谷　愛一	－	－	－	－	平成27年８月６日	平成30年８月５日
大分県	○		特定非営利活動法人 青少年の自立を支える青空の会	澤田　正一		○			平成25年２月12日	平成30年２月11日
大分県	○		特定非営利活動法人 地域環境ネットワーク	三浦　逸朗			○	大分県	平成27年１月６日	平成32年１月５日
宮崎県	○		特定非営利活動法人 ザンビアの辺地医療を支援する会	日高　良雄		○			平成27年１月28日	平成32年１月27日
宮崎県	○		特定非営利活動法人 ホームホスピス宮崎	市原　美穂		○			平成27年３月１日	平成32年２月29日
鹿児島県	○		特定非営利活動法人 こども医療ネットワーク	河野　嘉文	○				平成27年９月30日	平成32年９月29日

所轄庁	認定	仮認定	法人名	代表者氏名	PST基準		条例指定		認定・仮認定　有効期間	
					相対値	絶対値		自治体名	自	至
鹿児島県	○		特定非営利活動法人 せせらぎ	松元　優子		○			平成28年3月15日	平成33年3月14日
沖縄県	○		特定非営利活動法人 リカバリーサポート・ネットワーク	西村　直之		○			(仮認定 2013/1/28) 平成25年12月9日	平成30年12月8日
沖縄県	○		特定非営利活動法人 アジアチャイルドサポート	池間　哲郎		○			平成26年10月1日	平成31年9月30日
沖縄県	○		特定非営利活動法人 アンビシャス	迫　幸治		○			平成26年12月1日	平成31年11月30日
沖縄県	○		特定非営利活動法人 うてぃーらみや	仲本千佳子		○			平成28年1月18日	平成33年1月17日
沖縄県		○	特定非営利活動法人 ヴィクサーレスポーツクラブ	加藤　久	－	－	－	－	平成25年9月17日	平成28年9月16日
北九州市	○		特定非営利活動法人 抱樸	奥田　知志		○			平成25年11月26日	平成30年11月25日
北九州市		○	特定非営利活動法人 響ホール室内合奏団	菊竹　開三	－	－	－	－	平成26年12月11日	平成29年12月10日
北九州市		○	特定非営利活動法人 北九州市難聴者・中途失聴者協会	神矢　徹石	－	－	－	－	平成27年12月9日	平成30年12月8日
福岡市	○		特定非営利活動法人　サイエンス・アクセシビリティ・ネット	鈴木　昌和	○				平成24年11月29日	平成29年11月28日
福岡市	○		特定非営利活動法人　チャイルドライン「もしもしキモチ」	淵上　繼雄	○				平成26年3月1日	平成31年2月28日
福岡市	○		特定非営利活動法人 SOS子どもの村JAPAN	保科　清		○			平成26年5月15日	平成31年5月14日

福岡市	○		NPO法人 ニコちゃんの会	森山　淳子		○			平成27年2月1日	平成32年1月31日
福岡市	○		特定非営利活動法人 地域福祉を支える会そよかぜ	濱崎　和久		○			(仮認定 2014/3/1) 平成27年2月1日	平成32年1月31日
福岡市	○		特定非営利活動法人 患者の権利オンブズマン	久保井　摂		○			平成27年3月1日	平成32年2月29日
福岡市	○		特定非営利活動法人 障がい者より良い暮らしネット	服部美江子		○			平成27年3月15日	平成32年3月14日
福岡市	○		NPO法人 ハッピーマンマ	大野　真司	○				平成27年3月15日	平成32年3月14日
福岡市		○	NPO法人 アカツキ	永田　賢介	—	—	—	—	平成27年8月10日	平成30年8月9日
福岡市		○	特定非営利活動法人 緩和ケア支援センターコミュニティ	平野　頼子	—	—	—	—	平成27年8月17日	平成30年8月16日
福岡市		○	特定非営利活動法人 エスタスカーサ	知足　文隆	—	—	—	—	平成27年8月20日	平成30年8月19日
熊本市	○		NPO法人 しらさぎ	沼田百合子	○				平成27年3月30日	平成32年3月29日
熊本市	○		特定非営利活動法人　スペシャルオリンピックス日本・熊本	潮谷　義子			○	熊本県	平成27年11月19日	平成32年11月18日
熊本市		○	NPO法人 消費者支援ネットくまもと	青山　定聖	—	—	—	—	平成27年12月24日	平成30年12月23日

第6章　ＮＰＯ法人のメリット・デメリット

ＮＰＯ法人の「法人」というのは、簡単にいえば、法律上の権利義務の主体となれる団体のことです。つまり、ある団体が法人ではない（＝法人格がない）場合（任意団体といいます）、その団体は法律上の権利義務を負うことができません。その場合、通常はその団体の代表者が個人（＝自然人）として権利義務を負わなければなりません。しかし、その団体が法人となれば（＝法人格を取得すれば）、その団体そのものが法律上の権利義務を負うことができるようになるわけです。損害賠償を請求されるような事故が起きてしまったときには、任意団体の場合は代表者などが個人として対応しなければなりませんが、法人の場合は、団体として対応することができるというわけです（さらにいえば、ＮＰＯ法人を代表する経営陣は、理事によって構成される理事会ですので、理事会が責任を問われるということになるといわれています）。

それでは、ＮＰＯ法人のメリットやデメリットにはどのようなものがあるのでしょうか。

ここでは、「シーズ＝市民活動を支える制度をつくる会」のウェブ・サイトにある「よくある質問集」をベースにして説明していきます。

ＮＰＯ法人のメリット

まず、ＮＰＯ法人格のメリットとしては、

1. 契約の際、法的主体となれる
2. 資産などを所有する際に、法的主体となれる
3. 資産がある場合、団体の資産と個人の資産とに明確に分けることができる
4. 個人や任意団体の場合より社会的な信用や認知度が得やすい
5. 海外諸国での活動がしやすくなる

といったことがあげられます。

1.と2.についてはいずれも、任意団体の場合とは異なって、法律上の権利義務の主体となれますので、団体全体で責任を負うことができるわけです。つまり、任意団体のときには、団体の代表者個人が、法的には、一人でさまざまなリスクを負うことになりかねませんが、ＮＰＯ法人化すれば、少なくとも理事会全体の責任となり、リスク分担につながるわけで

す。

3．は、団体の保有する資金や財産は所轄庁への提出義務のある財務関係の書類（財産目録、貸借対照表、収支計算書）で、すべて管理することになるということから生じるメリットです。

4．は、民間企業や行政の関係者が口にすることです。したがって、企業や行政に連携を呼びかけていこうという場合は、一定程度の効果が見込めます。たとえば、福岡県久留米市のNPO法人筑後川流域連携倶楽部（図表8参照）では、1999年に大分県日田市との間で、同市所有の山林20ヘクタールを無償で借り受け、同NPO法人が20年間、管理・運営を行うという契約を締結しました。このケースでは、契約相手が公益目的のNPO法人であることが、当時の日田市議会のスムーズな同意を得るのに役立ちました。同倶楽部は、この山林を「水の森」と名づけ、協力関係にある団体と一緒になって植林活動などを展開しています。

5．については、特に国際交流や途上国支援に携わる団体にとって、法人格の有無によって、受け入れ国での対応が異なるなど、切実な問題であるということです。活動実績に加えて、法人格があれば、受け入れ国での信用度も増し、NPO活動をしやすくなるというわけです。

図表8　NPO法人筑後川流域連携倶楽部の活動

流域の現地学習会

日田・水の森，森林体験活動写真
(「水の森」森つくり体験)

筑後川リバーパーク・モニターツアー
（有明海潮干狩りと柳川ひな祭ツアー）

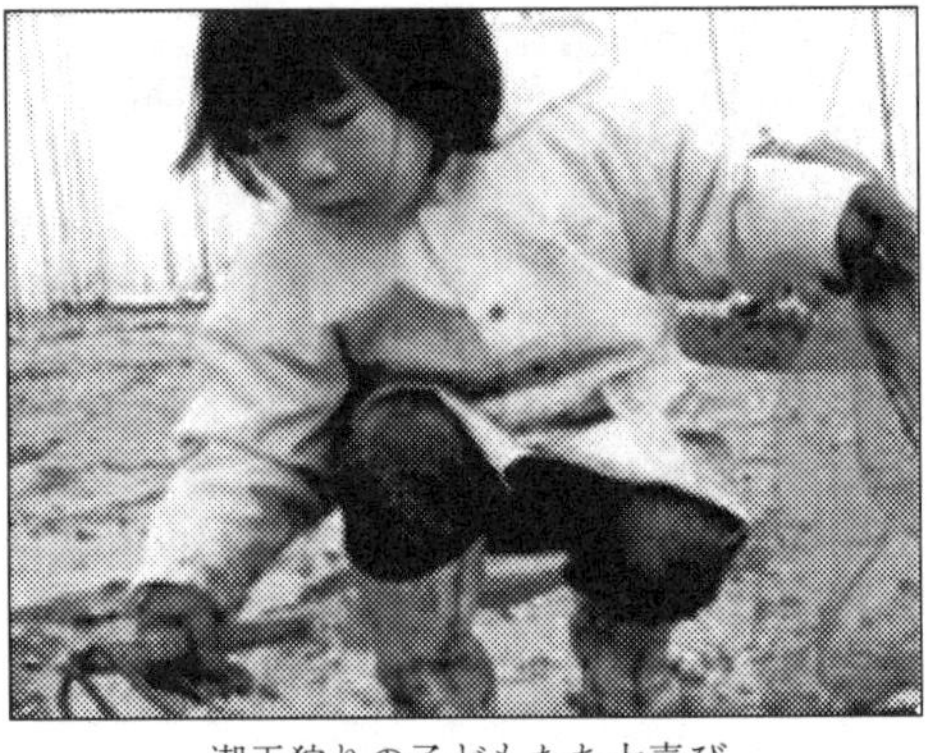

潮干狩りの子どもたち大喜び

筑後川リバーパーク展

リバーパーク展で学芸員による筑後川の解説と活動の紹介。

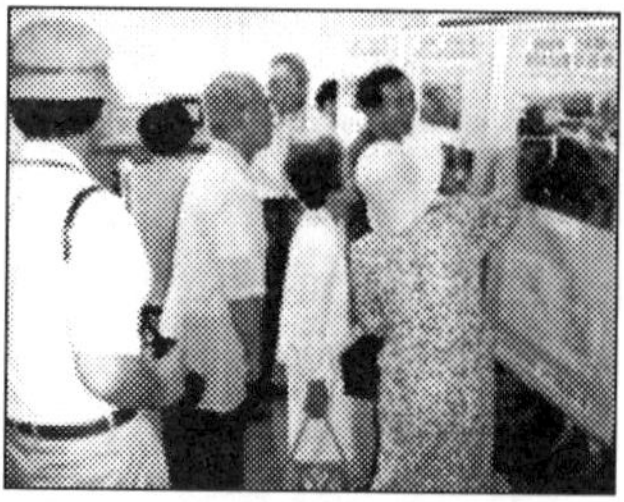

昭和28年大水害写真展（2003年７～９月）

久留米・日田・大川・鳥栖・佐賀で巡回展約4,000人の来場者

大水害の体験者の貴重な証言を子どもたちへ伝える。

右：50年前の写真を中心に来場客間で盛り上がる（日田展）。

流域団体との交流と連携活動
大川酒蔵コンサート（ブッククラブ大川）
大川市清力酒造にて。

毎年７月大川郷土料理の会との交流による手づくり家庭料理会食

ひた・リバーフェスタin三隈川
（日田水環境ネットワークセンター・毎年８月）

出所：特定非営利活動法人筑後川流域連携倶楽部ウェブ・サイト。

NPO法人のデメリット

次に、デメリットとしては、以下の項目をあげることができます。

1. 書類管理が煩雑になる
2. 課税対象となる
3. ルールに則った運営をしなければならない…活動の自由度が減少する
4. 情報公開の義務が発生する
5. ほとんどの金融機関で融資が受けられない
6. 解散したときに残余財産が戻ってこない

1.と3.については、NPO法人制度が4.を前提とすることに関連しています。官公庁への届出や保険などの管理（会計・財務、税務、社会保険・雇用保険等）に手間とコストがかかるということです。確かに、お互いに信頼関係のできているボランティアだけですべての活動を行っている団体は、会員総会を開催して簡単な事業報告と会計報告だけで済ませることも可能です。

4.については、昨今話題になっている「クレーマー」などが連想されるのかもしれませんね。

5.は、ほとんどの金融機関では預金は受けるのに、法人として融資をしてくれないというこ とです。日本の金融機関のほとんどは未だに、担保主義だということもあるようです。筆者の知る限り、九州でNPO法人に融資実績のある金融機関として労働金庫があげられますが、実は、介護保険の指定業者に限られているそうです。介護保険が確実な収入となりますから、担保の一種ととらえることもできるわけです。

6.については、NPO法で規定されていることです。NPO法人の設立者の皆さんで出し合ったものが手元に戻ってこないというわけですが、ほかのNPO法人等に寄付することもできますので、ムダにはなりません。

要するに、NPO法人格を取得することによるメリットとしては、法的契約主体になることで、国内だけでなく、海外においても社会的信用性や認知度が高まり、活動が展開しやすくなり、代表個人のリスクが軽減される、ということになります。また、情報公開やそれに伴うさまざまな書類の整理に手間暇(=時間的・金銭的コスト)がかかるうえに、確実に課税対象になること、さらに、社会的信用性が増すはずなのに、ほとんどの金融機関から融資を受けることもできない、という点がデメリットとしてあげられています。

しかし、情報公開とさまざまな書類の整理に時間的・金銭的コストをかけることができるうえに、税も納めていることから、「そうした能力を持っている団体だ」という見方をする人も世間にはいますので、さらに信用性が増すことにもつながるかもしれません。また、情報公開が義務づけられているからこそ、より透明なNPO運営がなされ、信用性も出てきますし、活動実績をアピールすることもできるわけですから、あまり否定的にとらえすぎない方がよいのかもしれません。マイナス面については、別途対策を立てつつ、積極的にPRにつなげていけば、むしろメリットとなることも考えられるでしょう。したがって、前記の6つの点がすべてデメリットとなるのかどうかについては、それぞれの団体によって、さらには、同じ団体の中でもメンバーによって異なるといえるのではないでしょうか。「シーズ」では、NPO法人化に伴うメリット・デメリットについて、それぞれの団体内部で話し合い、十分に検討したうえで、法人化をするかどうか（場合によっては、数年後にあらためて検討することも含めて）、団体にとって最善の選択をするようアドバイスしています。

法人格のない組織はダメな組織か？

ところで、法人格があると組織がしっかりしているようなイメージがありますが、必ずしもそうであるとはかぎりません。だからこそ、平成14年のNPO法改正で罰則規定が新設されたわけです。

逆に、任意団体であってもめざましい活躍を展開しているところも数多くあります。たとえば、「シーズ」は最も早い時期から全国のＮＰＯの連合体をつくり、超党派の国会議員に対して、ＮＰＯ法や認定ＮＰＯ法人制度の制定を強力に働きかけた団体の１つです。現在は、公益法人制度の改革にも取り組んでいますが、１９９４年11月の発足以来、２００８年４月27日まで任意団体として活動し、この間、実に目覚ましい成果をあげていました。その後、シーズは、２００８年４月28日にＮＰＯ法人格を取得し、２０１６年１月13日からは認定ＮＰＯ法人として、活躍を続けています。

また、全国的な知名度を誇る「ＹＯＳＡＫＯＩソーラン祭り」開催の中心的役割を担っているのは、「ＹＯＳＡＫＯＩソーラン祭り組織委員会」ですが、この委員会もまた、設立当初から任意団体として活動しています。同委員会の中心人物であった長谷川岳氏によると、同委員会には地元・札幌の経済界・行政・マスコミのトップも参加し、信頼関係があるため、法人化する必要性を特に感じることもない、ということです。

したがって、肝心なことは、ＮＰＯ関係者はもちろんのこと、一般の人々が関心を持って、立派な活動をしているＮＰＯをさまざまな方法で見極めながら、応援すべきは応援する、という姿勢を持ってもらえるよう、条件整備をし続けていくことではないでしょうか。

第Ⅱ部　ＮＰＯを分析する

第7章　ＮＰＯは収益事業ができない!?

ＮＰＯは「非営利」の団体なのだから、すべての活動がボランティア活動として無償で行わなければならず、利益（企業でいう粗利）を出してはいけないと考える方が未だにたくさんいます。しかし、結論からいえば、実はそうではありません。もちろん、多くのＮＰＯはボランティア的な活動を活発に行っています。そのためにも、もっと積極的に収益事業もするべきだといいたいのです。また、ＮＰＯ法でも「その他の事業」として収益事業を行ってもよいことになっています。法律でそうなっているのだから、といってしまえばそれまでというのは、身もフタもありませんから、それではなぜ、法律で収益事業が認められているのか、積極的に収益事業にも取り組むべきなのか、少し考えてみましょう。

NPO法人と収益事業

ＮＰＯは、基本的には、みずからの理想とするよりよい社会をつくっていくことを目指して、さまざまな活動を展開していく団体です。この「さまざまな活動」として、一般の人々の関心を高めるためのイベント、団体の活動紹介、ボランティア活動の機会や場の提供などが思い浮かぶかもしれませんが、これらを毎年継続的にやっていこうというのであれば、これらはすべて「事業」ということができます。

一時的な取り組みではなく、継続的な事業として取り組む場合には、ボランティアだけで対応しようとすると、うまくいかない場面も出てくるはずです。なぜなら、ボランティア活動は「できる人が」、「できる時に」、「できるだけ」するものだ（いわゆる「３Ｄ」）という考え方がいわれて以来、ボランティアとして気軽に参加することを呼びかけてきた結果、ボランティア活動のすそ野が広がってきたといわれますが、それに伴って、責任性や継続性に疑問を抱かざるをえない場面が増えてきたという指摘も多くの関係者からなされているからです。では、ボランティアはすべてダメなのかというと、そうではありません。むしろ、ボランティアの参加・参画がなければ、ＮＰＯの運営は語れません（ボランティアに関連する事項については、次章と第12章でも述べます）。また、１週間や10日間といったような期間限定で、あるいは、１週間のうち都合のよいときに１時間だけというような、何か一時的にちょっとだけ手伝ってほしいときや、高度な専門知識や技術をあまり必要としていないけれども、イベントを打つのに大量に人手が要るというときには、本当にありがたい存在です（ちなみに、前者を「チョイ・ボラ」、後者を「イベント・ボランティア」と呼ぶ関係者もいます）。さらに、最近では、職業上の高度な専門知識や技術を、それを必要とする団体に無償で提供する「プロボノ」というボランティア活動も見受けられるようになってきました。このプロボノという言葉は、ラテン語のpro bono publico（公共の善のために）に由来しています。

さて、組織として、責任を持って継続的にＮＰＯを運営していこうとすると、関係者間で毎日のように連絡を取り合ったり、相談し合ったりするような場面がでてきます。ＮＰＯとして地域で認められ、依頼が増えるほど、こうした場面が増えてきます。そうすると、１日に数時間以上、事務所に張り付いて、さまざまな仕事をきちんと責任を持ってしてもらうために、専従の有給職員（フル・タイム、パート・タイム）を雇用すると、そのための人件費や社会保険料が必要になります。さらに、会計や法制度的な知識も含めて、何らかの専門性が要求される場面もでてくるかもしれません。その場合には、専門家の協力をお願いすることもありますので、人件費を別途手当することも必要になります（知人へのコネなどで人件費がいらない場合は別ですが）。

本格的な事業を展開していくことを考えると、便利な場所に事務所を構えることがさまざまな面で有利になるかもしれません。たとえば、ボランティアや受益者、理事などの関係者全員が集まるのに都合がよい、仕事の依頼者からしてみても頼みやすい、あるいは、皆の時間の節約につながる、という具合です。その場合には、事務所の賃借料も発生しますね。関係者の連絡・調整には通信費がかかってきますし、事務所に人がいて、仕事をしていれば、光熱費も必要です。会報や総会での報告書の発行、イベント等のチラシの印刷、DM（ダイレクト・メール）の作成などには印刷費がかかる、etc.という具合です。したがって、事業を行うためには、さまざまな費用が継続的にかかってくることがわかります（図表9参照）。無償の活動を展開する場合でも、誰かが費用を負担しているだけなのです。こうしたさまざまな費用を賄うために寄付金や会費、助成金などの収入増加を図ることはもちろんですが、新規に関連事業を興すということも考えられます。NPO法でも「特定非営利活動に係る事業」と「その他の事業」とを行うことができると定められていますが、前者の事業が赤字でも、後者の事業で黒字にして、それを前者の事業に充てることも可能なわけです。さらにいえば、認定NPO法人（第5章参照）に認定されると、みなし寄附金制度が使えますので、NPO法人の場合よりも有利になります。

図表9　NPOの利益

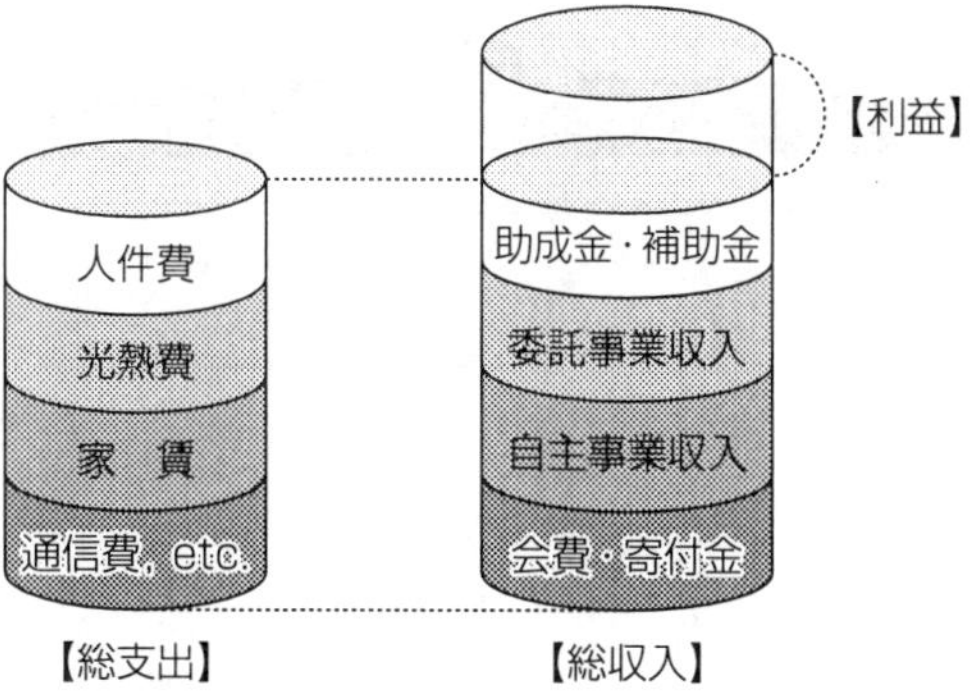

利益＝総収入−総支出

さて、NPO事業の総収入から総支出を差し引いたものが利益（粗利）となるわけですが、利益を上げるには、基本的には2つの方法があります。

その1つは、「総収入を増やす」ということです。個人や企業からの寄付金や財団等の助成金を増やすのも一案ですし、新規に収入の見込める関連事業を興すということも考えられます。場合によっては、ほかの分野のNPOと提携するということもあり得るでしょう。たとえば、環境分野のNPOが第3世界ショップのような会社や文化・芸術系の団体、あるいは農産物の直売所や障害を持つ人たちの共同作業所と手を組むというような方法です。

ユニークなところでは、源兵衛川の環境再生活動で全国的に有名な静岡県三島市のNPO法人グラウンドワーク三島が手がけている「視察研修受入れ」があり

図表10　NPO法人グラウンドワーク三島のロゴ・マークとスローガン

特定非営利活動法人
グラウンドワーク三島

GROUNDWORK

NPO
GROUNDWORK MISHIMA

右手にスコップ，左手に缶ビール！
みんなで協力，身近な環境改善

出所：特定非営利活動法人グラウンドワーク三島ウェブ・サイト。

ます。同法人のウェブ・サイトにある「視察のお申し込み」という欄をクリックすると、「視察研修受入れ要綱」のページが出てきますが、そこに、次のような文章があります。

「近年、グラウンドワーク活動の先駆的な地域として全国的な注目を受け、各地域の市民団体や行政機関からの視察研修が多く、その対応に多くの時間が割かれています。

そこで、ここに「視察研修受入れ要綱」を定め、その範囲内での対応を行い、その資金は本活動に活用させていただきたいと思います。

（中略）

◎経費

・視察説明代…1時間　5、000円

（現在までの活動状況の説明、質疑応答、現地案内含む）」

筆者が取材した折に渡辺豊博事務局長からうかがったところでは、案内や説明を有料化することで、物見遊山のついでに同法人の視察を組み込んだとしか思えないような、不まじめな団体の申し込みがかなり減ったそうです。その分、本来の業務やまじめに視察に来る団体のために、時間とエネルギーを使うことができるようになったため、収入が多少増えたようです。ちなみに、まじめなＮＰＯの方や、遠方からポケット・マネーで来るというような熱意が感じられる方については、団体会報や報告書などと引き換えに、相談に応じるとのことでした。何ともユニークですね（ちなみに、同法人のロゴ・マークとスローガンも、個人的に気に入っています）。

逆に、首をひねってしまうようなケースもあります。あるＮＰＯ法人が書籍の出版事業を始めたのですが、皆で頑張って収支トントン（つまり収支が±０）のところまでようやく持ってきた、と思ったとたん、メンバーの販売意欲が急に衰えてきたようだ、とその法人の事務局長がため息をついていました。筆者もその法人からその書籍を３冊セットで購入しましたが、内容や品質が値段の割に非常に良いものであったため、これはヒット商品になるのでは、と内心期待していたのです。その事務局長曰く、メンバーの方々はＮＰＯだから赤字でなければそれだけでＯＫだと思っているようだけど、これから販売する分が法人に黒字を出していくのに…、とのことでした。筆者も売り上げにつながりそうな提案をいくつか申し上げたのですが、最近、伺ったところ、「ボチボチ」だそうで、在庫分の完売までもう少しのところまで来ているそうです。

ところで、収入を増やすための事業なら何でもやってもよいのかというと、そうではありません。やはり、基本は「ミッションを実現するための事業である」ということでしょう。ミッションと関係のない事業のためにメンバーを動員しても、取り組む意欲がわかないということになります。また、事業というと「それは企業や役所のすることだ」という反応を示す人がいますが、そうではないのです。自分たちの組織活動に思いを寄せてつくり上げたミッションを実現するために、責任を持ってやり遂げることが事業なのです。NPOの事業とは、ミッション実現のために必要なNPO活動のことだと言い換えることもできます（この「ミッション」については、次の章で詳しく述べます）。

もう1つは、「総支出を減らす」ということです。たとえば、「机や腰掛け、ホワイト・ボードなどのオフィス備品の廃棄に困っている民間企業から無償で引き取る」ことも追加的な支出を減らす方策の1つです。産業廃棄物にあたる備品の廃棄には、場合によっては、多額の費用がかかることもありますが、これを引き取ってもらうことで、企業はコスト削減につなげることができるうえに、引き取り先のNPOから感謝されます。備品を引き取ったNPOもまた、コスト削減につなげることができます。産廃業者は多少収入減になりますが、社会全体で見れば、廃棄物がその分減少することで資源のムダが減り、環境に対する負荷も少なくなりますので、プラス面が大きいといえるでしょう。また、各地の中間支援組織が企業との仲介役になって、つながりのあるNPOに無償提供をするケースも、全国的によく見られるようになりました。たとえば、「NPO法人ふくおかNPOセンター（福岡市：略称FNC）」の「つこーちゃらん？（博多弁で「使ってみない？」の意）」という同法人のサイトには、企業から自社製品や販促用品、不要な事務用品などが掲載されています。感心するのは、それらをもらった側のNPOの活用レポートを写真付きで掲載していることです。NPOの人たちの感謝の気持ちが表れていて、私も何か提供できるものがあったら…、と思わずにはいられないコーナーです。

また、中には、産業廃棄物処理施設に出かけていって、係員に掛け合い、必要なものを手に入れた、という団体もあります。「NPO法人久留米市民活動支援機構（久留米市）」は、久留米市から指定管理者の指定を受け、限られた予算をやりくりしながら「久留米市市民活動サポートセンター（愛称：みんくる）」の管理・運営をしなければなりませんでした。同法人のこの時の合い言葉は、「必要なものがあるときは、タダで手に入れる方法を考えろ、それがダメならタダで借りる方法を考えろ、それでもダメなら安く買うこと」です。なお、2014年度より指定管理者が変更され、現在は、特定非営利活動法人ワーカーズコープが「みんくる」の管理・運営を行っています。

2015年12月15日

消耗品・デジカメ等を活用しました！（オフィスサプライ企業様・個人の方より）

●オフィスサプライ企業様，並びに川本様（個人の方）より，「ティッシュペーパー等」並びに「一眼レフデジタルカメラとマニュアルブック」をいただきました。

●認定特定非営利活動法人日本セラピューティック・ケア協会さんより

トイレットペーパー，ティッシュ，デジタルカメラ等を寄贈していただき，ありがとうございました！事務所にはボランティアやお客さまがよく見えるので，トイレットペーパーやティッシュなど消耗品はとても助かります。また，以前寄贈していただいたデジタル一眼レフの取り扱いマニュアルブックをわざわざ探して寄贈してくださったのは感激でした。さっそく大事なページに付箋をつけて活用しています。

ふくおかNPOセンターさま，いつもありがとうございます！

図表11 「つこーちゃらん？」公式サイト

2015年09月10日
パソコンやデジカメを活用しました！（オフィスサプライ企業様・個人の方より）
●オフィスサプライ企業様，並びに川本様（個人の方）より，パソコンやデジカメを寄贈いただきました！
●特定非営利活動法人NGO福岡ネットワークさんより
本日，ふくおかNPOセンターさんの事業である「つこーちゃらん？」を通して，デスクトップパソコン，デジタルカメラ，デジタルフォトフレーム，レジ袋，ウェブカメラ，タオルかけをいただきました！

NGO福岡ネットワーク（FUNN）はつい先日，ホームページの更新や国際協力ニュースの編集作業を行っていたノートパソコンが壊れてしまったため，寄贈していただいたパソコンを使って作業をすることができるようになりました。これからセットアップを行いたいと思います。また，新しくいただいたデジタルカメラで，イベントのときや会議の様子などを撮影し，活動報告の際に活用させていただきたいと思っています。デジタルフォトフレームはイベント出展時のブースの机に置いてFUNNの写真を流したり，レジ袋はフリーマーケットで販売した商品入れに使うなど，これからのイベントに活用させていただきます。

寄贈していただいたこれらの品物は，これからのFUNNの活動のために大切に使用させていただきます。本当にありがとうございました！

出所：特定非営利活動法人ふくおかNPOセンター　ウェブ・サイト。

お車ご利用の方／くるめりあ六ツ門の地下駐車場や契約駐車場がご利用いただけます。駐車料金は，1時間100円（施設ご利用の場合は2時間無料になります。駐車券をみんくる受付カウンターへお持ちください。）

契約駐車場＝くるめりあ六ツ門地下2階駐車場，トラストパーク六ツ門駐車場

（お問合せ）

〒830-0031　久留米市六ツ門町3-11　くるめりあ六ツ門6階
電話 0942-30-9067　FAX 0942-30-9068
E-mail kcsc@hig.bbiq.jp

指定管理者（特定非営利活動法人ワーカーズコープ）によるホームページでは，会議室の予約状況などを知ることができます。あわせてご利用ください。

（施設内のご案内）

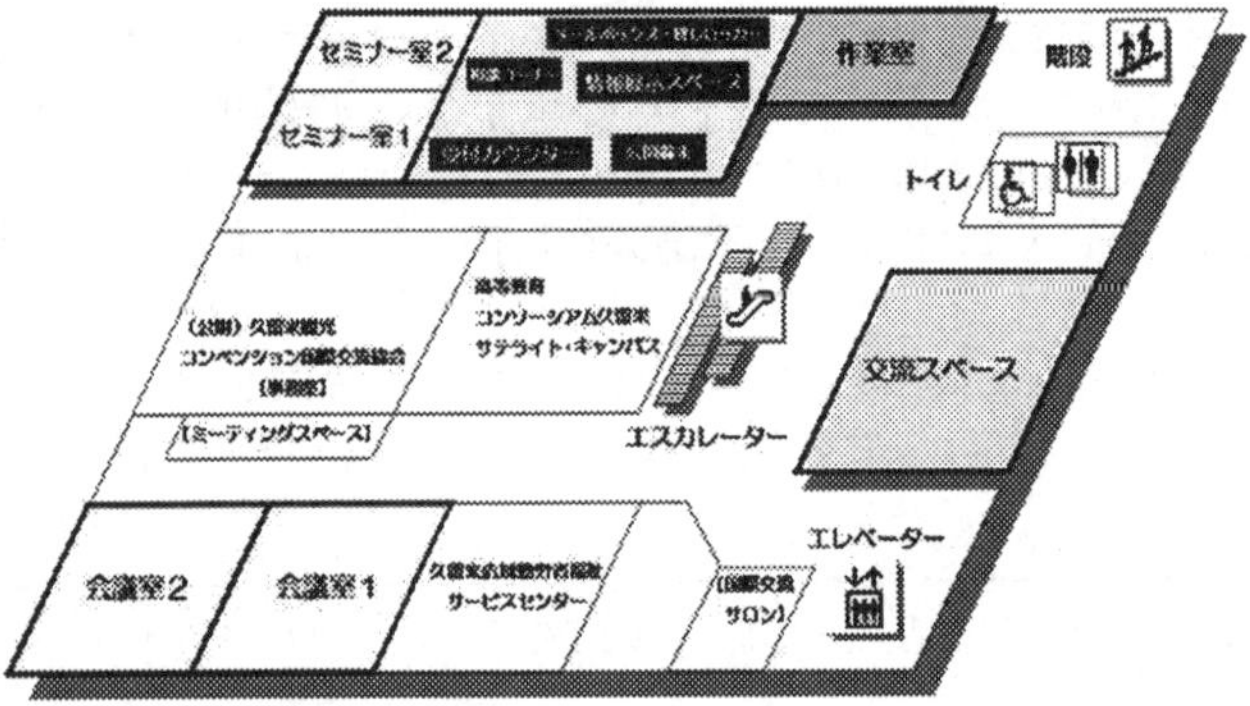

セミナー室1・2（定員各約20名），会議室1・2（定員各約30名）

市民活動を行う団体などが打ち合わせや会議，セミナー，イベントの開催等に使用できる貸切会議室です。セミナー室も会議室も，仕切りを開けることで1つの会議室としても利用できます。

図表12　久留米市市民活動サポートセンター　みんくる

サポートセンターは，市民活動の活性化による協働のまちづくりの実現に寄与することを目的として設置しております。ボランティアやNPOの皆さんの交流やネットワークづくりをはじめ，情報収集・発信，イベントや会議，作業の場の提供，相談への対応など，市民活動の活性化を図るための機能を整備し，活動される方の拠点としてご利用いただけます。また，休憩スポットとしてもご利用下さい。

（開館時間）

月曜日～土曜日　10時00分～21時00分

祝日・日曜日　　10時00分～19時00分

（休館日）

毎月第３月曜日（祝日の場合は，翌日）12月29日～１月３日

（交通のご案内）

JRをご利用の方／久留米駅から徒歩約15分

西鉄電車をご利用の方／久留米駅から徒歩約10分

西鉄バスをご利用の方／西鉄バス「六ツ門」バス停下車　徒歩約２分

カーです。気軽に会議や打ち合わせができるように，荷物を持たずにセンターに来ていただけます。

利用料金　300円／1ヶ月

利用申込み

・毎年3月に翌年度の利用申込を受付けます。（申込多数の場合は，抽選。）

・空きロッカーがある場合は随時受付けます。

・ご利用いただける期間は1年間です。年度途中からのご利用の場合は最長でも年度末までとなります。

免責事項　ロッカー内保管物の紛失・盗難・破損等については，センターは責任を負いません。

注意事項　なまもの，爆破物，発火性の物，悪臭を放つ物等については，保管できません。

メールボックス（48区画）

活動団体が，サポートセンター気付で送付された郵便物を受け取ることができます。また，団体相互の情報交換のため，チラシ等を利用団体に配布することができます。

利用料金　無料

利用申込み

・毎年3月に翌年度の利用申込を受付けます。（申込多数の場合は，抽選。）

・空きボックスがある場合は随時受付けます。

・ご利用いただける期間は1年間です。ただし，年度途中からのご利用の場合は該当年度末までになります。

免責事項　ボックス内保管物の紛失・盗難・破損等については，センターは責任を負いません。

注意事項

・書留や請求書等の重要な郵便物はお預かりできません。

・南京錠で施錠を行なう場合は，管理用としてセンターに鍵を1本，提出してください。

利用料金（冷暖房料含む）
セミナー室１・２：１部屋300円／１時間
会議室１・２：１部屋460円／１時間
予約方法　利用日の３ヶ月前から，１時間単位で予約できます。窓口で申請書を提出して下さい。また，電話，FAXでの仮予約も受け付けます。（ただし，仮予約の場合には３日以内に申請書の提出及び利用料のお支払いをしていただく必要があります。）
その他　会議室内で飲食はできますが，ゴミはお持ち帰り下さい。
必要書類
セミナー室・会議室・交流スペース（貸切）を利用する場合：施設使用許可申請書
ボランティア情報ネットワークに団体情報の提供をされていない場合（メールボックス・ロッカーを利用する場合に必要です）：市民活動団体活動情報提供用紙
　申請書をご記入後，サポートセンターまでFAX番号0942-30-9068にて送付下さい。

交流スペース

ちょっとしたミーティングや休憩スペースとして無料でご利用いただけるオープンスペースです。イベント会場として有料で利用することもできます。また，市民向けのイベント情報やボランティア募集情報なども掲示しています。貸切る場合の申請書はセミナー室，会議室同様の上記申請書をご利用ください。
利用料金（冷暖房料含む）
全室貸切600円／１時間　半室貸切300円／１時間

相談コーナー

受付カウンターのすぐ隣に設置しています。みんくるスタッフが，パーテーションで仕切られた相談コーナーでボランティアやNPOに関する相談をお受けします。

貸しロッカー（30区画）

活動に必要な資料や消耗品・備品等を収納できる貸し出し用のロッ

高速印刷機

製版代：50円／1枚　　印刷代：1円／1枚

（注意）用紙はご持参ください。

ポスタープリンター

A1まで：200円／1枚　用紙は熱転写紙を使用しています。

自動丁合機

10ページまでの丁合い作業が無料で利用できます。

その他機器

紙折り機・大型ホッチキス・裁断機が無料でご利用できます。

機器の使用方法等わからない事がありましたらセンター職員にお尋ね下さい。

貸し出しパソコン（1台）

チラシの作成や資料の編集を行うことができます。ただし，施設外への持ち出しは原則できません。また，プロジェクターを同時に使用することで，会議や打ち合せの際プレゼンテーション形式による会議等もできます。

利用料金　無料

利用申込　受付カウンターにおいて，利用申込が必要になります。（予約可）

注意事項　設定変更やパソコン本体へのデータ保存等の利用はできません。

プロジェクター（1台）

会議室内で打ち合せやパソコン要約筆記，デジタル絵本の読み聞かせ等にご利用いただけます。

利用料金　無料

利用申込　受付カウンターにおいて，利用申込が必要になります。（予約可）

フルカラー複写機

情報コーナーに掲示されているチラシ等のコピー等，その他ご自由に利用いただけます。

利用料金　白黒：10円／1枚

　　　　　フルカラーB5・A4：50円／1枚　B4・A3：100円／1枚

その他　通常，領収書の発行を行っておりません。領収書の必要な方は，受付カウンターにお申し出下さい。

公開端末

インターネットで市民活動の情報を検索するための端末です。「久留米ボランティア情報ネットワーク」(久留米市ホームページ）をはじめ，ウェブ上で全国の市民活動情報がご覧いただけます。市民活動に関する情報について印刷もできます。なお，上記以外での利用はできません。

（注意）パソコンの設定変更は，行わないようお願いします。印刷時にプリンターをご利用の場合は，利用料がかかります。

情報展示スペース

市民活動に関するポスターやチラシなどを掲示しているスペースです。ボランティアやNPO関連の情報を得たり，提供したりできます。市民活動に興味のある方や，これから活動を始めようとする方も，ぜひご利用ください。

利用方法　申請書に掲示物を添付のうえ，窓口で申請書を提出して下さい。

（注意）掲示期間は，原則1年以内です。

作業室　団体活動に利用していただくための作業スペースです。資料づくりには欠かせない機器を多数，ご用意していますのでぜひご利用ください。(機器類の使用については，事前に受付カウンターで申込みが必要です。)

出所：久留米市ホームページ。

ここで一言、重要な点を付け加えておきます。それは、人件費を削ることばかりを考えないということです。なぜなら、人材（財）こそ、組織に収入をもたらすのですから。

NPOのゴーイング・コンサーン化

日本でNPOの法制度ができた理由の1つに、NPOのゴーイング・コンサーン化が期待されていることがあげられます。ゴーイング・コンサーンとは、責任を持って事業を継続できる事業体のことです。これからのNPOは、ゴーイング・コンサーン（継続的事業体）として、ボランティア活動だけでは達成することが困難な事業にも挑戦することが求められています。そうすることで、NPOが一定の社会的役割を果たすことが認められるのです。

一定の収益を得て、ゴーイング・コンサーン化していくためには、企業経営における「効率性」という考え方を、事業活動の中にある程度取り入れていくことも必要でしょう。経営資源の限られたNPOだからこそ、時間や労力、資金をやりくりしてムダを省き、それ相応の成果を出す工夫をするべきでしょう。ただし、「安かろう、悪かろう」にならないように、一定程度の質の高さは保つようにしなければなりません。

また、マーケティングでいう「顧客志向」も重要です。この場合の「顧客」という言葉は、その場限りの「お客さん」という程度のものではありません。「もしかしたら、この方もいっしょに活動する仲間や応援団になるかもしれないし、自分自身が将来、この方からサービスを受けるようになるかもしれない」というような「関係者」の意味合いを含めた「受益者」という存在です。お互いを含めた社会（地域社会）のすべての人々の長期的な利益を見込んだ関係を築くようにするべきです。みずからの強烈な思いを実現するべく社会（地域社会）の問題に取り組んでいくことはすばらしいことですが、やみくもにやっていても成果は上がりにくくなりがちです。あるいはまた、短期的な成果が出ても、次の方向性がはっきりしないこともあり得ます。常に、「受益者（関係者）志向」を意識して事業展開を図っていけば、このような状況に陥ることは避けることができるのではないでしょうか。

ＮＰＯには「志民」感覚と「経営者」感覚とのバランスが求められます。経営的に自立化して初めて、地域づくりへの本格的な参画ができるからです。昨今は各地で行政や民間企業との協働（コラボレーション、パートナーシップ）が盛んになってきていますが、「行政から下請的に扱われている」、「企業に相手にされない」というような言葉も聞かれます。そうした扱いをされないためにも、精神面だけではなく、経営的にも自立した存在になれるかどうかがカギとなるでしょう。

第8章　NPOは企業や行政と何が異なるのか

組織目的

こうして見てくると、NPOと企業とはよく似ているなと思われる方も多いでしょう。実際に、所有形態という観点からいえば、NPOは民間組織の一種ですので、民間所有の範疇に入ります。しかしながら、組織目的という点では、営利ではなく、非営利＝利潤追求以外のことにあるという点が異なります（図表13参照）。

民間企業の場合は、一般に、世の中で求められているものを製品やサービスという形で実現し、利潤（収益、利益）をできる限り追求することが目的であるといえます。そして、出資者や経営者に配当金や報酬を支払い、さらに企業規模や市場シェアの拡大を狙って投資をし、さらなる利潤を得ていくわけです。

一方、非営利、つまり、「営利を追求しない」ということの意味は、「収益を上げてはならないので、それを是が非でもゼロ、もしくは、マイナスにしなくてはならない」という意味

図表13　所有と目的に着目したNPOの位置づけ

	営利（利潤追求）目的	非営利（利潤追求以外の）目的
民間所有	民間企業	NPO
公的所有	公営企業	行　政

ではありません。利益（粗利）が生じる場合でもまったく問題ないのですが、その場合には、非分配制約に基づいて、NPOの積み立てとするか、翌年度以降の投資に回すことにすればよいのです。そうすることで、サービス提供に必要な設備・備品を新規に保有・購入したり、職員やボランティアに専門性に関わる研修などを受講してもらって人材育成につなげたりすることもできます。組織や事業の継続だけでなく、提供する事業内容の向上にも役立てることができるようになるのです。したがって、利益（粗利）が出るのは問題ないどころか、むしろ、少しでも利益を出すことで、よりよいNPO活動につなげていくことができれば、歓迎すべきことといえるでしょう。

ちなみに、非営利組織という言葉は、Nonprofit Organizationという米語を和訳したものだということを第1章で述べましたが、実は、NPOの母国・アメリカでも"Non-private-profit" Organization、すなわち、「非私益」組織と表現を変えた方がいいのではないか、という提案もあるくらいです（たとえば、Hamilton and Tragert, 2000, p.ix）。つまり、NPOというのは、その団体の必要経費を差し引いたうえで、可能な限りの資金をミッションのために振り向けているわけだから、これは「私益の組織に非ず」といいたいのです。あるいは、営利組織を指す“For-profit” Orgaizationと対比する言葉として“Not-for-profit” Organizationと呼ぶ方がよいという意見もありますが、この言葉は日本の関係者の間でもよく耳にします。「利益のためではない＝利益を目的としない」組織というわけです。この場合は「利益を上げてもよいけれども、利益を上げることを目的としない」というニュアンスですね。Nonprofit Organizationに比べると、一般の人々からの誤解が少なくなりそうだという点で両者とも一理あります。

ミッション優先の経営姿勢

では、ＮＰＯの目的が利潤の追求ではないとすれば、ＮＰＯは何を目的としているのでしょうか。それは、一言でいえば、ミッションの追求です。さらにいえば、ミッション優先の経営姿勢です。これが企業と異なる点の2つ目です。ミッションとはもともと、キリスト教の宣教師たちが担った「伝道団や伝道活動」のことだといわれていますが、最近では経営学用語として「社会的使命」と訳されることも多くなりました。ＮＰＯ法人の場合は、定款に記載されている「目的」をミッションとすることが多いようです。

それでは、ＮＰＯにとってミッション＝社会的使命とは、どういうものでしょうか。ミッションとは、そのNPOが社会（あるいは、国際社会、地域社会）や人々に対して、どのような社会を目指して活動し、最終的にどんな問題を解決するのかを示すものです。そのNPOの存在意義を問うものといっても過言ではないでしょう。そして、その根底には、現状を改革し、創造的破壊を通じて、新しい社会をつくり上げていくというような思想があります。

たとえば、筆者が現在、理事を務めているNPO法人筑後川流域連携倶楽部は、まさにそのようなNPOの1つです。同法人のウェブ・サイトには、「筑後川流域圏における地域連携を深めるための情報交換と人的交流を促進し、流域圏における環境向上や文化及び産業復興の発展に寄与」すると同時に、「連携事業により、観光及び地域振興を図る」ため、「流域圏での情報共有も必要と考える」というミッションが記載されています。筑後川は大分・熊本・福岡・佐賀の4県に流域を持つ九州一の大河ですが、江戸時代には、筑後川の上流から下流に至るまで木材関連産業で結ばれ、流域内での商品の交易や人々の交流、それに伴う情報交換も盛んであったといいます。現在は、廃棄物などで清らかな流れが失われつつあるばかりか、木材関連産業の衰退や、堰と行政区域という物理的・非物理的な壁によって、人々とそれに伴う情報の流れが分断され、100万人を超える流域内の人口規模を活かしきれていない、という状態にあります。そこで、水源である上流から川をきれいにしていこうと、「水の森」（第6章参照）を手がけ、流域の人々に川に親しんでもらうための「筑後川フェスティバル」を開催しています。また、情報の流れをつくり出すために、「筑後川新聞」を発行（年6回、発行部数15、000部）し、流域内の地域資源の発掘と観光振興をめざして「筑後川まるごと博物館」を運営しています。ちなみに、2016年は同法人にとって画期的な年になりました。1999年創刊の筑後川新聞が4月に100号を達成したことがあげられます。また、1987年に大川市にて始まった筑後川フェスティバルが6月に30回目を迎えました（6月11〜12日開催）。筑後川フェスティバルは、30年前から毎年、筑後川の恵みにあずかる自治体の持ち回り方式で開催されてきましたが、第10回、第20回、そして、第30回という10年の節目ごとに、発祥の地・大川市に戻って来ました。同法人の地道で息の長い取り組みが評価され、6月21日、「第18回日本水大賞（日本水大賞委員会、国土交通省主催）」大賞を受賞しました（応募件数151件）。

NPOにとって、ミッションとは組織の根幹をなすものであり、最も重要なものです。NPOの命とも呼ぶべきものかもしれません。もっとも、最近は、NPO関係者だけでなく、企業経営の世界でも「ミッション経営」や「ミッション・ベイスト・マネジメント」という考え方を強調する論者も見られるようになっています。このミッションがしっかりとしているかどうかによって、組織の活性度や達成できる成果も違ったものになる、といわれているからです。しかし、民間企業の場合のミッションは、利潤追求という目的を達成するために

図表14　筑後川新聞（2016年４月）

発行／特定非営利活動法人 筑後川流

緊急速報!!

筑後川流域連携倶楽部が
日本水大賞(グランプリ)受賞!!

県境や市町村を飛び越えて流域の視点から連携した活動を行うため、今年で30回を迎える「筑後川フェスティバル」の開催や、100号を超えた「筑後川新聞」の発行などを行ってきました。本活動は流域の自然的・歴史的な結びつきを取り戻す、市民による流域連携の模範となるものであり、高く評価できるものであることから、大賞に相応しいと判断しました。

なる大河、筑後川　未来へのメッセージ

THE CHIKUGO RIVER NEWS

筑後川新聞

筑後川新聞100号、
発刊達成しました!

必要な基本条件ととらえておられる経営者や従業員の方も多いのではないでしょうか。NPOの場合は、ミッションを達成するための手段として（余剰）利益が必要になりますし、倒産という事態を招かないために少なくとも収支トントン、という状態に持っていくわけです。

ちなみに、ミッションと似たような言葉に「ビジョン」があります。実は、ビジョンという言葉には2つの考え方があります。その1つは、ミッションよりも上位に位置するグランド・デザイン的なものであり、達成できるかどうかもわからない、いわば夢のようなものという考え方です。そして、組織内のメンバー全員がビジョンを共有することによって、組織がまとまりをみせるようになる、というのです。もう1つの考え方は、そのNPOがミッションを掲げて活動していく中で、数年後に社会（地域社会）にどのようなプラスの影響（効果）を及ぼしているのかを、目標年や目標値を織り込みつつ、具体的に描いたものである、とするものです。つまり、ミッションに至る途中で、自分たちのNPOがどうあるべきなのかを示すものといえます。そして、描かれたビジョンに具体性があれば、ボランティアや寄付者、有給職員などの関係者を動機づけることにも役立つものになります。

ミッションを作成し、明示することの効用として、

①そのNPOが社会（地域社会）に対してどのような貢献をしていくのか明確にすることが

できる
②メンバーの一人一人に対して、そうした意識をはっきりと自覚させることができる
③その組織の担うべき事業領域が明確になる
などがあげられるでしょう。

いずれにしても、ミッションやビジョンがしっかりしているかどうかによって、組織の活性度や達成される成果も違ったものになるのではないでしょうか。その際、注意すべきことは、ミッションやビジョンは美辞麗句の羅列ではなく、シンプルで具体的なものを作成する、ということです。


さて、実際にミッションをつくるという場合、誰がつくるのでしょうか。経験者の皆さんはどのようにされたのでしょうか。筆者の知る限りは、大きく分けて「創立者主導型」と「全員合議型」、「中間型」の3つのタイプがあることがわかりました。

まず、創立者主導型ですが、これは一人あるいは少数の創立者がミッションをつくり、そのNPOのミッションとして掲げて、それに賛同した人々を理事や事務局員、会員に迎えるという方法です。

この創立者主導型と対極にあるのが全員合議型です。これは、ミッションをつくる段階からそのＮＰＯに参加する（あるいは参加予定の）全員で関わっていくやり方です。

中間型は、文字通り、前記の２タイプの中間にあるタイプですが、ＮＰＯの理事就任（予定）者が中心となる「理事会主導型」や、そこに事務局が加わる「理事会・事務局主導型」なども考えられます。

具体的なミッションができあがったら、次に必要なのは具体的な目標の設定です。目標には簡単に数値化できるものと数値では表現しづらい（あるいはできない）ものとがあるかもしれません。いずれにしても、成功した状況を描写することで、具体的な目標を設定することが可能になります。特に後者のような場合には有用でしょう。

また、目標の設定は、短期目標と中期目標（または中長期目標）、最終目標とに分けていくとやりやすいのではないでしょうか。あるいは、1年ごとの短期目標をクリアするたびに、よりレベルの高い目標設定を行ってもよいかもしれません。

ところで、ミッションをつくってはみたものの、組織の創立時に見ただけで、後はお蔵入り、では役に立ちません。組織の一人一人がミッションを理解し、組織全体の意思を一致させなければ、力を発揮しません。ミッションがメンバー一人一人に浸透していくことによって、メンバーのモチベーションを高いレベルで維持していくことも可能になるわけです。メンバーの入れ替わりが頻繁な団体やメンバーの数が急に増えてきた団体では、これは特に注意しておきたい点です。第2世代、第3世代へと組織が引き継がれていくにしたがって、だんだんとミッションがあいまいになっていくということがあるからです。

そのためには、ミッションがそのNPOの中で日常的な存在になることが必要でしょう。そのための方法として、ミッションをわかりやすく示すことが必要です。たとえば、「ミッションの体系図」を作成して事務所の壁やホワイト・ボードに貼り付けておくことで、NPOの活動に参加する人にも直感的にわかりやすいものとなります。また、小冊子や手帳を作成し、常に利用してもらうことも有効です。これは、ミッションの文言と体系図を小冊子や手帳にして全員に配布することによって、各メンバーが常に携帯するようにしておくということです。対人関係が最も重視される団体では、行動規範も併記しておくとよいのではないでしょうか。ポケットに入れて携帯できる手帳を配布することによって、常にミッションを意識しながら行動するように確認しあってもよいでしょう。そこから新しい事業のヒントを見出したりすることにつながっていくかもしれませんね。

ところで、めでたくミッションを達成した暁には、自分たちが世の中の問題だと思っていることが解決されることを意味するから、みずからNPO法人を解散するつもりだとおっしゃるNPOの経営者もいます。その場合、有給職員はどうなるのでしょうか。おそらく、その時代にはその時代の別の社会的な問題があって、その解決のために、別のNPO法人を起業するから、そのNPO法人で継続して雇用するということになるかもしれません。あるいは、有給職員をほかのNPOや企業に紹介して転職していただく、ということもあり得ると思います。もしかしたら、元有給職員さんがみずからのミッションを見出して、起業するのかもしれません。

さらにいえば、あるNPO法人のミッションが社会状況に合わない場合には、新しい事業展開ができずに倒産・解散にまで至ることもあります（NPO法人の解散については、第5章を参照してください）。

ボランティアの存在

企業とNPOの異なる点の3番目は、ボランティアの存在です。ここでは、NPO法人の一般的な組織図を示しながら、説明していきましょう（図表15参照）。

まず、「社員総会」です。これはNPO法上の用語ですが、一般には「総会」、あるいは、

図表15　NPO法人の基本的な組織構造

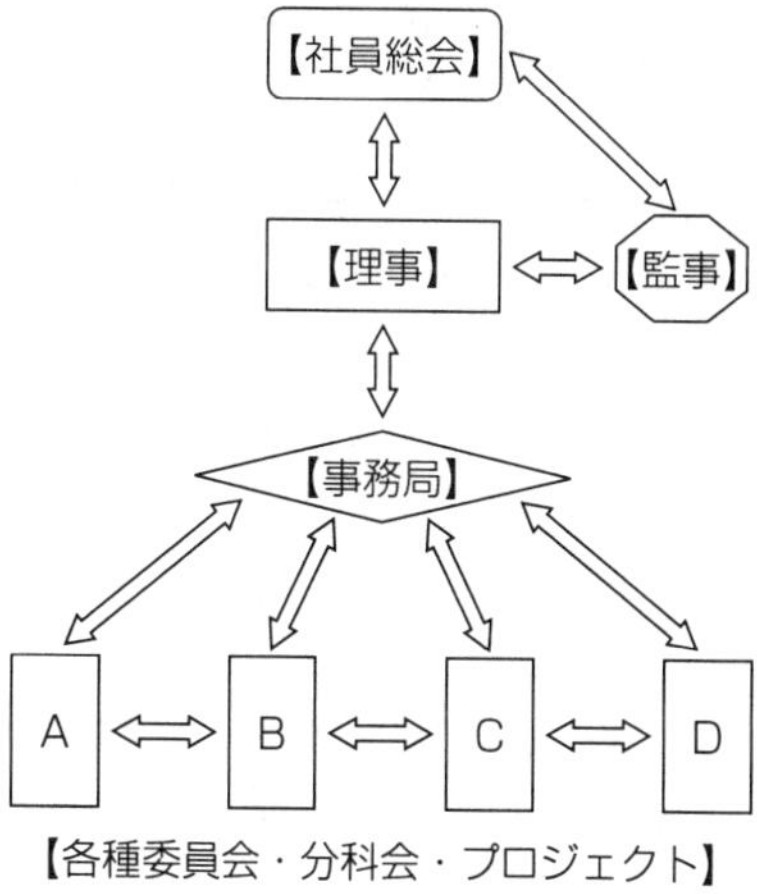

「会員総会」と呼ばれるものです（「社員」という言葉については、第5章で触れています）。NPO法では、この社員総会は、NPO法人には必ず置かなくてはならないことになっているだけでなく、最高機関として位置づけられています（法第14条の5）。また、社員は10名以上いなくてはなりません。社員総会は、株式会社でいえば、株主総会にあたります。したがって、個々の社員は、会費を支払い、さらに、現場でボランティアとして活躍する場合も多いのですが、NPO法人のミッション達成のための最終的な意思決定が求められる存在なのです。そのような存在にもかかわらず、現実には、（次に説明する）理事会での決定事項に承認を与えるだけの場になってしまっている場合もよく見られるようで

す。以前、よく新聞などで話題になった日本企業の「シャンシャン総会」のようだという批判もあります。確かに、重箱の隅をつつくような質問や批判のための批判ばかりでは疲れてしまいますが、建設的な質問や意見が出ることの方が、理事会や事務局にとってありがたいことですし、NPO法人の活力にも良い影響があると思います。なお、社員総会は、少なくとも年に1回は開催しなければなりません。

次に、役員（理事、監事）についてです。NPO法では、理事は法人の経営に関するさまざまな意思決定を行う機関です。社員総会と異なって、NPO法上、理事会は必ずしも設置することを定められている機関ではないのですが、役員（3名以上の理事と1名以上の監事）は必ず置かなくてはなりません（法第15条）。理事の中から、理事長、副理事長、専務理事が選任されるケースもよくあります。あるいは、法人を代表する理事ということで、理事長を代表理事とするところもあります。

また、「理事は、すべて特定非営利活動法人の業務について、特定非営利活動法人を代表する。ただし、定款をもって、その代表権を制限することができる。」（法第16条）とされています。これは、通常、理事長や代表理事であっても、理事であっても、法人を代表することには変わりはないことを意味しますので、法人が債務を負った場合にも、理事全員の責任となりますし、法人の外部で理事として発言したことは、その法人の意思と受け止められることになるということです。そこで、当該法人の代表権を理事長や代表理事等のような特定の理事だけに限りたい場合は、その旨を定款に記載し、登記することになります。

理事は、法人職員との兼務ができますので、「事務局長兼専務理事」という肩書きを持つことも可能です。日常的な業務に責任を持つ事務局長と大局的な経営方針などを決定する理事（会）との兼務とすることで、法人運営を円滑に進めていくことができるとされています。

監事は、当該NPO法人の理事の業務執行の状況や財産の状況を監査し、理事に意見を述べなければなりません。そして、監査の結果、不正行為や法令、定款に違反する「重大な事実」があることを発見した場合には、これを社員総会、あるいは、所轄庁に報告しなければなりません。その報告をするための社員総会を招集することもできます（法第18条）。

このように、監事は、理事の業務執行に対する監督機関ですので、理事や法人職員との兼務ができません（法第19条）が、社員にはなれますので、法人内部から選任される場合があります。もちろん、外部から選任される場合もあります。いずれの場合でも無報酬で（ボランティアとして）業務を遂行することは可能です。

役員には、有給の場合と無給の場合とがありますが、報酬を受けることのできる役員の数は、役員総数の3分の1以下と定められています（法第2条2項1号ロ）。ということは、残りの3分の2以上の役員は、無給、つまりボランティアとして参加することになります。

事務局は、通常、事務局長、有給職員（常勤、パート・タイマー）、ボランティア・スタッフによって構成されています。また、事務局は、現場で活動する仲間との連絡・調整をはじめ、行事日程作りや会議の設定など、日常的な業務を行っています。なお、英語圏の国では、「スタッフ」というのは有給職員を指すので、ボランティアは「ボランティア」だけで、後ろにスタッフと付けることはありません。

その他に、法人によっては、評議委員会や各種実行委員会（分科会、プロジェクト）を設置する場合もあります。こうした機関についても、主力メンバーが無給である場合が多いように思われます。

すでにおわかりのように、NPO法人には、最高意思決定機関の社員総会から実行委員会まで、組織のどの段階・機関にもボランティアが存在することがわかります。NPOセクターには、「ボランティア団体」も含まれていますが、この場合は、組織の全員がボランティアである、ということなのです。したがって、NPOはボランティアの存在を抜きにしては、語れません。

ちなみに、ボランティアの参画が不可欠ともいえるNPOは、個人のボランタリズムを発揮してもらって、社会的な力に変えていく存在であるともいえます。ボランタリズムの定義として、①自発性、②無償性、③利他性、に加えて、最近では、④先駆性、⑤補完性、⑥自己実現性、の6つがあげられています（田尾・川野編著、2004、pp.17-20)。④の「先駆性」は、従来の考え方や常識にとらわれることなく、自由に発想し、行動することを意味しています。⑤は、公共サービスを従来どおり行政だけで担うのが無理なので、足りない部分を補うという意味です。そして、⑥については、ボランティア活動に生き甲斐を見出したり、キャリア・アップにつながる活動を期待したりすることを意味しています。最近、よく使われている言葉でいえば、「自分探し」にもなる、といったところでしょうか。

ここで、②に関連して、ふれておきたいことがあります。それは、あるNPO法人の代表者からうかがったことなのですが、その法人が毎週行っている事業で、車いすの方をサポートするボランティアに交通費（定額）を支給したときのことだそうです。ボランティアの1人が「わしは、ボランティア（活動）をしに来たのであって、お金をもらいに来たのではない！」と怒り出したそうです。代表者が「このお金は交通費です。お手伝い料などではありません。決められた額ですので、実際にかかった電車賃やバス賃より少ないかもしれませんが、どうぞ受け取られてください。」と説明したにもかかわらず、この方は「この次からは来ない！」といって立ち去ったそうです。読者の皆さんは、どう思いますか。このエピソードのとらえ方にはいろいろありますが、ボランティアの「無償性」との関わりについてどのように考えたらよいのでしょうか。

筆者は、費用と対価とを分けて考えるべきだと思っています。たとえば、通常、仕事やアルバイトなどをした場合は、皆さんが提供した「労働力」に対して、お客さんが「対価（代金、料金）」を支払い、その中から皆さんの「賃金（給料、報酬、アルバイト料など）」が支給されます。つまり、お客さんが支払った「対価」には、皆さんが働いている会社などを維持するのに必要な「諸費用」と、「利潤（粗利）」とが含まれていると考えられますが、実は、「諸費用」の1つに「人件費（＝賃金）」があるのです。ボランティア活動というのは、受益者から「労働力の見返りとしての対価」をいただかず、ボランティアも「賃金」をもらわない、という仕組みになっています。ボランティアが「賃金」をもらわないことで、「労働力」を寄附している、ともいえます。「交通費の支給」は「労働力」の見返りではなく、交通手段を提供している交通機関（バス、電車など）に対する「対価」を少しでも補ってもらうことで、ボランティアの手出し（赤字）を少なくし、次回以降もボランティア活動に参加してもらいたいという気持ちの表れなのです。したがって、交通費の支給額が実費やそれに近い額なら、ボランティア活動に対する報酬ではなく、やはり「無償」の活動であると考えられます。それでも、どんな形であれお金をもらうこと自体がいやだ、ということであれば、支給された交通費をあらためてその団体に寄附してあげるとよいのではないでしょうか。あるいは、自分の関心があるほかの団体に寄附してもいいかもしれません。どちらにしても、それでお互いにハッピー、ハッピーということになりますよね。

多様な資金源

企業とNPOとの相違点の4番目にあげられるのは、いろいろな資金源があるということです。その分類の仕方にもいくつかあるのですが、「シーズ」によれば、NPO法人の資金源は、会費、寄附金、特定非営利活動に係る事業からの収入、その他事業からの収入、助成金、補助金、借入金、利息収入の大きく8つに分けることができます。

会費はNPO法人にとって法人運営の基本となるものです。会費の額にもよりますが、事務作業に費やす時間を考えると、年に1度支払ってもらう年会費方式をとるところが多いように思います。会員の種類としては、個人会員と法人会員とで分け、それぞれ正会員、賛助会員を設定するケースがよくあります。親子で参加してほしい場合は、ジュニア会員や家族会員を設定する場合もあります。正会員には、総会での議決権と法人の活動に参加する権利があり、賛助会員にはそれがないという分け方をするのが通常です。

寄附金は、純粋に法人の趣旨に賛同して資金の面で法人を支えたいとする人が支払うお金であるという点で、賛助会費と似ています。しかし、会費が定期的に（年会費制なら毎年）

決められた一定の金額を法人に支払うものであるのに対して、寄附金は、賛助会費よりも多額の金額となったり、少額にとどまったりすることがあるうえに、定期的にいただけるものであるかどうかわかりません。会費に比べると、少し不安定な部分があります。

特定非営利活動に係る事業からの収入、その他事業からの収入はともに、それぞれ自主事業収入と委託事業収入とに分けることができます。さらに、委託事業収入には、行政からの委託事業収入と民間からの委託事業収入とがあります。委託事業というのは、基本的に、ある事業の依頼者（委託側）が、予算の枠内で誰か（受託者：ここではＮＰＯ法人）にその事業を実施してもらい、所定の成果を期待するというものです。第4章で見たように、日本の委託費はあまり多くないというのが現状です。

助成金と補助金については、前者が民間の基金や財団などが事業の支援を目的として、所定の審査をパスしたうえで出してくれる資金のことで、後者は行政が特定の事業などを支援する目的で提供し、特に成果を求めない資金のことである、と説明されています。ただし、最近は、特に、地方自治体は補助金よりも助成金を出すことが多いようです。事業審査を経た方が議会に対して説明しやすい、というのがその理由です。

借入金は、金融機関から借り入れる場合と個人から借金をする場合とがあります。前者の場合には利息をつけて返済しなければなりませんが、後者の場合には、個人の好意で無利息とすることもよくあるようです。

利息収入は、金融機関に預金金利などから得られる収入です。

これらの資金源は、大きく自主財源と外部調達財源とに分けることができます。自主財源は、法人のメンバーがみずから稼ぎ出すことができる資金源であり、会費、寄附金、特定非営利活動に係る事業からの収入とその他事業からの収入のうちの自主事業収入にあたります。外部調達財源には、特定非営利活動に係る事業からの収入とその他事業からの収入のうちの委託事業、助成金、補助金、借入金、利息収入があります。法人の外部から何らかの形で得ることができる資金源ですが、みずからの努力次第というわけにはいかない性格のものです。

さらに、資金の使い道が自由になるかどうかという視点も重要です。そういう意味では、会費、寄附金、自主事業収入、利息収入が法人にとって望ましい資金源です。第４章で「今後活用したい資金調達方法」として、「事業収入」、「会費」、「寄附金」に多くの回答が寄せられたのは、この視点に立ってのことでしょう。

公平性の原理

ここで、もう一度、図表13を見てください。組織目的という観点からいえば、ＮＰＯは営利を目的としていませんので、行政（政府セクター）の仕事に近いことを活動内容としています。そこから、民間企業の提供できない公共サービスを提供することもよくあります。しかしながら、所有形態という点では、民間所有の組織であるということがわかります。つまり、民間性があるということから、２つの大きな違いが出てきます。

その１つは、行政が公平性の原理に基づいて、施策を展開していくのに対して、ＮＰＯの場合は、往々にして、公平である必要はないということです。たとえば、ある市で高齢者サービスを実施するという場合、市内の各地区どこでもそのサービスが受けられるということになりますね。しかし、ＮＰＯの提供するサービスは、必ずしもそうではありません。財政的な限界や人材不足ということもあるかもしれませんが、そういう場合は別として、基本的には、必要とされている地区で、つまり、そのＮＰＯのサービスにニーズ（需要）がある地区で提供するというわけです。したがって、ある地区では、行政の提供するサービスしかないけれども、別の地区では、行政サービスに加えてＮＰＯのサービスも提供されている、ということがありうるのです。

サービスの画一性

もう１つは、行政が画一的に行政サービスの提供をしていくのに対して、ＮＰＯの場合は、地域ごとに異なった、きめ細かな対応をするということです。つまり、行政の供給する公共財については、量的な問題だけでなく、画一化という質的な問題もあるといえます。これについても、NPOが民間の発想や知恵を活かした公共サービスを供給することができれば、この問題の解消（あるいは緩和）を期待することができます。たとえば、ある市で子育て支援策を実施することになったとしましょう。支援対象は3歳までとした場合、それ以上の年齢の子どもたちを持つ親が多い地区では、その支援策が提供されても、関係のないものでしかありません。NPOであれば、それぞれの地区のニーズから始まるケースが多いですので、ある地区では4歳～6歳を対象とする事業、別の地区では小学校低学年～高学年を対象とする事業、というような、サービスの仕方が可能です。

こうしたことの根本には、NPOを立ち上げる人々やそれに加わる人々が、自分の身の回りからある問題に気付き、「この問題を何とかしなければ」、「これは放ってはおけない」という気持ちから、自発性に基づいて行動をしていることがよく見られます。NPOの創設者にお話しをうかがう機会がありますが、身の回りで取り組み始めた問題が、実は、居住する県全体、あるいは、日本全体の問題だった、と後から気付くということがあるのです（このことは、第10章で述べるスタインバーグの主張とも合致します）。

ボランティアの役割

ほかには、意志決定の場にボランティアが参画できることも、NPOと行政との相違点です。確かに、行政にもボランティアがかなり関わっています。福祉施設や、教育施設、病院など、さまざまなところでボランティアの活躍を目にすることができます。しかし、これらは、どれも現場での活動です。行政施策を決定する場（議会や執行部）ではないのです。NPOの場合は、前章で説明しましたように、意志決定の場である総会や理事会にもボランティアが積極的に関わっているのです。つまり、何かに取り組む場合、ボランティアによる意志が反映される機会も多いというわけです。したがって、議会や執行部の方々からすれば、型破りなことや、常識外れなことであっても、自分たちが必要であると思えば、取り組みを始めるのです。これが、第3章で述べた、NPOの社会的機能にも現れているといえます。

第9章　そもそもNPOはなぜ存在するのか

サラモンは、NPOが存在する理由について、「歴史上の理由」、「市場の失敗」、「政府の失敗」、「自由と多元的価値の実現」、「連帯の意志の表明」という5つの点を指摘していま す（サラモン、1994、pp.23-29）。以下では、それぞれの存在理由について説明していきますが、「市場の失敗」と「政府の失敗」については、ワン・セットにして本章の最後の部分で詳しく述べてみたいと思います。

歴史上の理由

最初の理由は、NPOが歴史的な存在であり、さまざまな成果を生み出してきたから、というものです。たとえば、アメリカでは、建国以前からすでに住民自身が有志を募って消防団などの組織を結成し、必要なサービスを供給したり、学校や病院、教会などを建設し、運営したりしていたといわれています。さまざまなコミュニティの問題を住民自身の手で解決してきたわけです。独立後も、君主制や官僚制度の復活を懸念して、人々は基本的に、合衆国政府に頼るという姿勢を持たなかったようです。

実は、日本でも、NPO的な活動の源流、あるいは土壌ともいうべきものがあります（今田編著、2006、pp.6-16）。たとえば、江戸時代の大坂では、大商人たちが資金を出し合い、堀を掘ったり、橋を架けたり、集会施設を建設したり、さらには、私塾の設立・支援もしていました。道頓堀、淀屋橋、中央公会堂、懐徳堂などがそれにあたりますが、これらは商人による民間公益活動の一端というべきものでしょう。特に、懐徳堂は5人の商人による拠出金を基本財産として運用していたことから、現代の財団法人と似た仕組みであったとされています。また、江戸の町火消しは、今でいえば、ボランティア主体の自主防災組織ですし、結や講なども庶民同士の相互扶助（助け合い）組織でした。秋田感恩講は自衛救済組織ですが、これはアメリカのコミュニティ財団に相当する組織といわれています。さらに、二宮尊徳の報徳社も相互救済組織として全国各地に広がっていきました。

自由と多元的価値の実現

NPOの存在理由の2つ目は、NPOが社会における自由と多元的価値を実現する役割を果たすために存在する組織である、というものです。サラモンによれば、アメリカ社会で実現した大きな改革―公民権運動、環境保護運動、職場安全運動、児童福祉、女性の権利拡張運動、新右翼運動等―は、ほとんどNPOセクターから行われたものだとのことです。

こうした「自由と多元的価値」はアメリカだけでなく、日本を含む民主主義国家にとって重要な価値観であるといえるでしょう。

連帯の意志の表明

サラモンは、アレクシス・ド・トクヴィルの言葉を引用して、民主主義社会では、一人一人が平等・対等であるがゆえに、一人一人は皆、孤立し、微力な存在であるとしています。だからこそ、そうした個人が自発的に助け合う協力関係を結び、社会をつくっていくという連帯の意志を表明するために、アメリカでは、NPOが重要な役割を果たしているといえます。ちなみに、トクヴィルはフランス人ですが、フランスではそうした役割を政府が担い、イギリスでは身分の高い人々が担う（「ノブレス・オブリージュ」という考え方です）とみていました。

「市場の失敗」と「政府の失敗」

「市場の失敗」とは、market failureの日本語訳ですが、このfailureとは「欠陥」という意味です。「市場につきものの欠陥」ということですね。市場とは、簡単にいうと、企業がプレイヤーとして競争を展開する場のことですが、市場が完全に機能していれば、市場の失敗は起こらないはずなのです。しかし、現実の市場では、市場自体ではどうしても解決できない問題が生じるというわけです。その中でも、特にNPOの存在理由に関係する問題は、「情報の非対称性」と「公共財」の存在です。

情報の非対称性

さて、「情報の非対称性」とは何か。市場が完全に機能する前提条件の1つに、市場で取引をする人々（生産者、消費者）が皆、財（製品やサービス）について、同じ量と質の情報（製品やサービスについてのさまざまな知識）を持っていることがあげられます。ところが、現実にはそうなっていることは、そう多くはありません。あるサービスについては、消費者に比べて生産者が多く情報を持っているでしょうし、別のサービスについては、逆に、消費者の方が生産者より多くの情報を持っているということもあるでしょう。これを情報の非対称性といいます。

ここで、消費者が生産者の提供するサービスを購入（消費）する環境によって、あるいは、サービスそれ自体の性質から、その質や量を正確に評価できないという場合を考えてみましょう。たとえば、デイケア・センターで提供されるサービスや病院での医療サービスなどが考えられます。つまり、情報に非対称性がある典型的な状況なのですが、そうした状況下では、営利企業の場合、消費者が支払いの契約をした（あるいは実際に支払われた）金額に見合うサービスよりも少量の、あるいは、質の低いサービスを供給しようとする誘因や機会が常に存在します。そうすることによって、この企業は、最初に契約を交わした場合よりもさらに多くの利益を手に入れることができるからです。ハンズマンは、これを「契約の失敗」と呼んでいますが、このようなときにこそ、ＮＰＯが必要になるのだと述べています（Powell (ed.), 1987, pp.29-33）。彼は、ＮＰＯの場合には、非分配制約（第１章および第８章参照）があるので、経営陣が意図的にそうしたサービスの提供の仕方を選択することによって、個人的な利益を得ようとすることは考えられないし、営利企業の経営幹部よりも顧客につけ込もうとする誘因も少なくなることになる、と主張しました。消費者から見れば、自分が購入（消費）するサービスについて、きちんと見極めて（モニタリングをして）的確な評価を行うことが難しいので、ＮＰＯを選択する方が安心感を得ることができるということになります。したがって、この点で、ＮＰＯは営利企業に対して優位性があり、有益な存在としてとらえることができる、というわけです。

図表16　財の分類

	排除性　強（私益的性質）	排除性　弱（公益的性質）
競合性　強（私有的性質）	純粋民間財	準公共財（地方公共財）
競合性　弱（共有的性質）	準公共財（クラブ財）（地方公共財）	純粋公共財

公共財

公共財というのは、「競合性」と「排除性」のどちらかの性質を持っている財のことです。ちなみに、この場合の「財」は、経済学用語でサービスも含まれますが、英語では"goods"といい、複数形を表す"s"を付けます。

では、競合性や排除性という性質はどういうものなのでしょうか（図表16参照）。例を用いて、競合性から説明してみましょう。

たとえば、あるお店で人気商品の手作りハンバーガーが「1日にお1人様限り、50個だけ」という限定販売がされているとします。そうすると、100人が行列をつくったとしても50人だけ購入し、食べることができますが、残り50人の人々は、購入した50人のうちの誰かが分け与えることを認めない限り、その日の手作りハンバーガーは食べることができません。つまり、50個の手作りハンバーガーをめぐって競合性が生じたわけです。そして、このハンバーガーは、別の言葉で言い換えると、私有的な性質が強く現れたということになります。

次は、排除性についてです。上記の手作りハンバーガーの例でいうと、手作りハンバーガーを買うことができなかった残り50人の人々は、手作りハンバーガーから得られるはずの、おいしさだとかボリューム感だとかいったような「便益」から排除されてしまったというわけですね。逆にいえば、手作りハンバーガーを買って食べた50人は、基本的に、自分だけの楽しみを得ることができたわけです。つまり、このハンバーガーは、私益的な性質が強いということもできます。

このように、私たちが日常、コンビニなどで目にする製品やサービスは、競合性も排除性も強く現れるような財ですが、これらはまとめて「純粋民間財」とよばれます。競合性や排除性が強いほど、利益を確保しやすくなりますから、民間企業が供給者となるわけです。

その対極にあるのが、「純粋公共財」です。競合性も排除性もともに弱く、共有的性質と公益的性質をあわせ持った財です。簡単にいえば、自分だけ使うということがむつかしいだけでなく、お金を払わないほかの人々も使うことができるし、便益も自分だけでなく、ほかの人々も得ることができるという性質を持つものです。そんな製品やサービスを販売しようとすると、ほとんどの人々は、お金を払わずに利用しようとしますから、売る方としては割に合わないことの方が圧倒的に多くなるでしょうね。そうすると、そうした製品やサービスは、市場で出回ることがなくなってくるはずです。いったい、どんな財なのでしょうか。実は、私たちが日常、よく利用しているのです。それは、道路や橋、公園などですし、一国単位では国防や灯台などがそれにあたります。また、世界的規模で考えると、地球環境ということができます。

準公共財

さて、世の中には、純粋公共財と同じ程度に競合性は弱いけれども、排除性は純粋公共財よりも強いという財や、逆に、純粋公共財より競合性は強いけれども、排除性は同じ程度に弱いという財もあります。これらは、「準公共財」とよばれています。

前者の意味での準公共財の一種として、「クラブ財」があげられます。クラブ財とは、スポーツ・クラブのように、メンバー制などを採用することで排除性を強めることはできますが、いったんメンバーになると、競合性は純粋民間財より弱くなってしまうような財をいいます。このような財は、監視コストがかかりすぎるため、個々人の利用量を制限することが難しくなり、共有的性質が純粋民間財より前面に出てくるのです。

「地方公共財」もこれと似たような性質を持っています。たとえば、校区制を採用している小学校教育の場合などはクラブ財と似たような性質を持つことがあります。筆者の勤務する大学と同じ市内にある小学校の中で、住民から最も人気の高い小学校がありますが、その校区内に建設中であることがマンション入居者の新規募集の決め手の1つになっている、といわれるような小学校なのです。人気の理由は、その小学校から、中高一貫教育制の私立学校への入学率が最も高いからだそうです。その私立学校は、自由な校風と、有名大学への進学実績が全国的にも上位にあることが評価されているようです。子どもの小学校入学を機に、住居の購入に踏み切るご家庭も多いのかもしれませんが、つまりは、その小学校に入学させたいがために、マンションを購入してほかの校区から引っ越してくる家族もいるというわけです。この場合、その小学生がこの校区の居住者であるか否かによって、その小学校での教育を受けることができるかどうかが決まるという点で排除性が強いといえます。しかし、いったんその小学校に入ると、同じ量とレベルの教育サービスを受けることが期待できるので、共有的性質が強まるのです。

地方公共財は、地理的に提供範囲が限定されることで排除性が強まる公共財ともいえますが、都市公園のような財は、排除性が弱いけれども、競合性は強いという性質を持つ場合があります。つまり、ある都市公園がA市にあるからといって、通常は、B町の住民の利用を制限されるというようなことは起きません。しかし、A市周辺にはないクオリティの高い公園であることから、公園内での混雑が生じて、ベンチにも腰掛けられない状態になるというようなときには、競合性が非常に強くなるわけです。

長々と説明してきましたが、要するに、競合性と排除性が強く、使用量に応じてお金を支払わせることができ、利潤（利益）が追求できる純粋民間財と異なって、純粋公共財や準公共財は市場セクター（＝民間企業セクター）では供給されにくいわけです。そこで、みんなが必要だと思えば、政府セクター（国、都道府県、市区町村）が税金という形で料金を徴収して供給するのです。

政府の失敗

ところが、その政府といえども決して万能ではなく、実は、政府にも失敗が生じることがわかっているのです。これは、市場の失敗に対して、「政府の失敗（government failure）」とよばれていますが、それはいったいどのようなものなのでしょうか。

民主主義的な議会制度を考えた場合、理論的には議会議員は国民や地域住民のニーズを的確に把握している代弁者であるはず、ですね。その代弁者は、国民あるいは地域住民が本当に必要とする公共財を供給するためには、人々のニーズを的確に捉えて、政府セクターに供給をするよう決議する必要があります。しかし現実には、議員が出身地域や業界団体などの一部の国民の意向を代弁しているにすぎなかったり、いわゆる票集めなどのために自分本位の戦略的な行動をとったりすることもあります。また、議員を選ぶ立場にある有権者も政治に無関心になる、というような傾向が見られます。さらに、世代、学歴、職業、地域などのグループごとに価値観の多様化が進み、比較的狭い地域内に住む人々の間でも実に多様な価値観が形成されるようになってきています。

そうなると、同じ公共財でも、いったいどのような財をどの程度供給すればよいのか、議員にも政府セクターにも見えにくくなります。つまり、情報伝達の不完全性があるために国民や地域住民のニーズを的確にとらえるのが非常にむつかしく、そうしたニーズが政策に反映されにくい面があるのです。だんだんと地方分権論が勢いを得てきている理由の1つは、より住民の視点に近いところで政策をつくることで、こうした問題点を克服しようということにあるといえます。しかしながら、たとえ国民・住民のニーズを的確に把握できたとしても、政府セクターは「公平性の原理」の下に動いていますので、ある財やサービスが供給過剰に陥ったり、逆に、供給不足になったりすることもよくあるのです。

こうした公共財の供給に関する問題について、ワイズブロッドは、NPOによる供給が解決策の1つになることを提示しています（Phelps (ed.), 1975, pp.171-184）。

議会での投票によって、ある公共財、たとえば、介護サービスの供給を始めることと、それに要する1人当たりの負担額がいくらになるかについて、多数決で決定された、としましょう。ワイズブロッドは、このとき、7人の需要者を想定していますが、ここでは、説明を簡単にするために、5種類の需要者を想定します。それぞれ、①サービスの供給量・負担額ともに妥当とする需要者、②サービス供給量・負担額のいずれの水準も高すぎると主張する「ロー・ディマンダー（低需要者）」、③そもそも当初からこうしたサービスにまったく必要性を感じていないため、この公共財（public goods）は“public bads”だと思い、負担額の返還等を要求したいというマイナスの需要者、④このサービスに対してきわめて大きな需要を示しながら、一切負担をしようとしない「フリー・ライダー（ただ乗り者）」、そして、⑤サービス供給量・負担額のいずれの水準も低すぎると主張する「ハイ・ディマンダー（高需要者）」です。多数決での決定には必ず何らかの不満が出てくる、ということの典型ですね。

このうち、さらにサービス供給量を増加させるかわりに、さらなる負担さえもいとわないハイ・ディマンダーの人々が、その不足分を補うために、以下のような方策を取ることが考えられるといいます。すなわち、①このサービスの供給水準の高いほかの地域へ転居する、②現時点で公共財を供給している行政機関の下位レベルで新たに行政機関を設置する（そうすることによって、ハイ・ディマンダーの人々が住んでいる地域だけ、このサービスのさらなる供給と負担金の増額を行うことが可能になる）、③民間企業に代替サービスを供給してもらう、④ＮＰＯの結成やＮＰＯに対する支援（寄付やボランティア活動への参加等）を行うことで、ＮＰＯが公共財の供給を補完できるようにする、あるいは、民間企業が供給する代替サービスに対してさらに代替サービスを供給できるようにする、という4つの方策です。

特に、準公共財については、①民間企業セクターと政府セクターの双方が供給する、②双方のどちらかが供給する、③どちらも供給しない（できない）ということになる、という3つの場合があります。この中で問題なのは、③のケースです。これは、人々のニーズが実際にあるにもかかわらず、需要規模が小さいといったような事情から供給量と価格が折り合わない（つまり、採算がとれない）ために民間企業セクターでは供給できず、しかも財政難や公平性の原理に反するなどの理由から政府セクターも供給できないというような場合です。以前、介護保険サービス大手の民間企業が全国に支店網を設置しましたが、特に、採算に合わない地域から次々に撤退し、財政難の地方自治体も頭を抱えるというような事態が出現した、というようなケースです。

実は、このような準公共財こそ、NPOセクターによって供給が期待される、あるいは現に供給されている準公共財なのです。もちろん、個々のNPOからすれば、最初から赤字の事業ばかりするわけにはいきません。そこで、②のケースや、民間企業の供給が不十分な「すき間市場」でも事業を展開し、赤字の部分に事業収入をあてたり、あるいは、組織外部から獲得した寄付金や助成金、補助金などをあてたりしながら、やりくりしていくわけです。

第10章　ＮＰＯと協働、そして、ネットワーク

前章で説明した「市場の失敗」論と「政府の失敗」論を用いると、現代社会にＮＰＯセクターが台頭してきた理由について、次のように説明することができます。すなわち、①民間企業が競争を展開する市場の領域が拡大したために、②市場メカニズムだけでは解決しえない問題（排除性・競合性という性質を持つ公共財の存在など）＝「市場の失敗」が顕著になった、③市場の失敗を補うために、政府セクター（国、地方自治体）による力が必要であるとの認識が広まった、④しかし、その政府セクターにもまた「政府の失敗」―情報収集の不完全性（国民、地域住民のニーズを的確に把握することが難しいこと）の存在、政治家・官僚による自己および自組織中心の行動（日本でいえば、いわゆる「族議員」や「省益・局益」、「縦割り行政」の弊害）など―が存在することが明らかになった、⑤その結果、政府の失敗を補い、人々がみずからのニーズを満たそうとＮＰＯセクターが台頭してきた、というものです。

公共財の供給という面から見れば、民主主義の下で代議制をとっている国や地域では、多数決の原理によって平均的レベルの公共財の供給が決定されがちであるため、価値観が多様化した時代の人々は、政府セクターから供給される財の偏りや画一化に不満を抱く傾向にあります。特に、近年のNPO活動に対しては、市場からも政府からも供給されない（あるいは供給レベルの低い）財、つまり、準公共財を供給する主体として、期待されているとも考えられます。NPOは準公共財の自発的な提供を通じて、市場と政府の失敗を補完する関係にある、というわけです。

ボランタリーの失敗

ところが、サラモン（Salamon, 1995, pp.33-49）は、アメリカのNPOセクターの歴史的展開を見ていく中で、政府セクターから資金の供給を受けつつ、さまざまな活動を展開してきたことに着目し、問題提起をしています。つまり、NPOセクターは、市場や政府の失敗を補う存在であるということですが、それほどの力がありながら、なぜ、NPOセクターが政府セクターから資金の提供を受けながら、パートナーとしてコラボレーションを行う（協働する）必要があるのか、明確な理由が見当たらないというのです。この点について、彼は、「ボランタリーの失敗」という興味深い説を示しました。その要点を示すと、以下のようになります（なお、サラモンは「ボランタリー・セクター」という用語を使用していますが、ここでは、NPOセクターとしておきます）。

アメリカのNPOセクターは、実は、政府の失敗を補う役割として出現したのではないといいます。そうではなくて、その前段階にある、市場の失敗を補う組織として登場したのだというのです。そして、アメリカ社会が1930年代の大恐慌時代や1950年代のグレイト・ソサエティ（偉大なる社会）時代を経験していく過程で、政府セクターが社会問題の解決にあたるという役割が増大し、NPOセクターは政府セクターに取って代わられてしまった、と一般的に信じられていたのです。しかし、事実はその逆で、アメリカの福祉国家体制の中でNPOセクターの規模と役割は増大し続けていました。つまり、政府セクターが調達した資金をNPOセクターに配分していただけでなく、NPOがないところには、新たに政府がNPOを創設さえしていました。

そのNPOセクターが「ボランタリーの失敗」に陥ってしまいました。そのために、市場セクターもNPOセクターも対処できない問題について、政府セクターがそれを補うという役割を担うことになった、というわけです。つまり、前述の説明では「市場の失敗→政府セクターによる補完→政府の失敗→NPOセクターによる補完」という道筋でしたが、サラモンの説明では「市場の失敗→NPOセクターによる補完→ボランタリーの失敗→

政府セクターによる補完→政府の失敗→政府セクターとNPOセクターとの協働」ということになります。

それでは、ボランタリーの失敗とはどのようなものなのでしょうか。彼によれば、①不十分性（insufficiency）、②特定主義（particularism）、③家父長主義（paternalism）、④アマチュアリズム（amateurism）という4つの面があるといいます。以下、それぞれ簡単に説明してみましょう。

まず、①の不十分性とは、政府セクターの供給する公共財や準公共財と同じように、フリー・ライダー（ただ乗り者）が存在することから生じます。つまり、NPOセクターがさまざまなサービスを提供する際には、それに資金や人材などが必要になってくるわけですが、お金も労力も出せない人々をケアするために必要とされるサービスの量に追いつかない、という状態が一向に改善しないという場合が見られます。たとえば、貧困地域で活動をする場合、NPOのサービスを受けたいという希望者の数に対して、その地域で寄附やボランティアを募っても、サービス提供に必要なだけの金額や人数が集まらないというようなことを指しています。この問題は、地域的に見られるだけでなく、サービスの実施時期が不況期である場合にも見られます。

次に、②の特定主義は、NPOが解決困難なケースを引き受けずに、より解決しやすい

（手の付けやすい）ケースを取り扱う傾向があるという意味です。その結果、いろいろなNPOの提供するサービスが重複していて、大きな問題が取り残されるということになります。また、解決の難しい問題にも取り組んでほしいということで、一般市民が寄附をしたりするわけですから、そうしたところに寄附金などが使われずに、別のサービスに使われるというのは、利用可能な資源を無駄にしているのだ、と指摘されることもあるわけです。

続いて、③の家父長主義です。この場合は特に、ＩＲＣ§５０１（ｃ）（３）適用団体のような税控除の適用を受けるＮＰＯの場合（第12章参照）があてはまります。というのも、アメリカでは、金銭的に余裕のある人々が、節税のために多額の寄附金を出してくれることがよく見られますが、彼らは自分の好みによって寄付をする傾向があるため、そうした大口の寄付者の意向によって、寄附金を受け入れるＮＰＯの活動が左右されがちであるということを指しています。こうした状況は、非民主的というだけではありません。たとえば、貧困者のために集めた資金であるにもかかわらず、貧困者自身の意志が反映されない活動プログラムを提供したために、逆に、貧困者の側に依存心をつくり出し、自立を妨げるという事態にさえ陥りかねないのです。

④アマチュアリズムは、専門性についての疑問です。たとえば、ヒューマン・サービス分野ではソーシャル・ワーカーや心理カウンセラーなどの資格保持者が専門的に関わるべきケ

ースも決して少なくありません。そのような場合であっても、単なる励ましの言葉をかけるだけに終わったり、場合によっては説教などで対応してしまったりするというようなケースも見られるといいます。

サラモンは、こうしたNPOセクターの短所は、政府セクターの長所であり、その逆もまた真であるといいます。政府、NPO両セクターが短所を相互に補い合い、長所を活かすことができれば、多種多様な公共財・準公共財の供給が可能になります。だからこそ、アメリカでは政府セクターとNPOセクターとの協働が長く行われてきたのであり、そこに合理性も見出されると説くのです。

政府セクターとNPOセクターとの協働：日本の場合

それでは、日本の場合はどうでしょうか。このことについて、かなりおおざっぱですが、日本の福祉分野の動きを振り返ってみると、わかりやすいかと思います。

第二次大戦後、日本経済は驚異的なスピードで復興を遂げ、市場セクターが拡大していきました。その過程で、公害などの問題も含めて、市場セクターでは解決できない問題に対処することが政府セクターに期待されることが増えていったのです。

たとえば、憲法で規定された「文化的で最低限度の生活」を国レベルで実現しようと、福祉については、高度成長期を通じて全国津々浦々に至るまで、国が一元的に供給する役割を担っていました。イギリスには「ゆりかごから墓場まで」という有名な言葉がありますが、これは、イギリス国民として生まれたからには、死ぬまで最低限度の生活保障をしますよ、という政策を表現するときに使われる言葉です。言い換えると、当時のイギリスは福祉国家体制であったわけですが、日本もまさに、そうした路線と軌を一にしていたのです。

しかし、国民経済が低成長期に移行すると、国の支出（歳出）を大きくカットし、「小さな政府」をめざすべきであるという議論が勢いを増してきました。高度成長期のように国の収入（歳入）が大幅に増えていくことに期待が持てなくなってきたうえに、国民負担率（租税負担額と社会保障負担額との合計の国民所得に対する比率）の増大が問題となり、社会福祉政策の行き詰まりも見られるようになってきました。

一方で、1980年代頃から生活様式やライフサイクルにおける価値観の多様化が進み、消費者重視への転換が叫ばれるようになってきました。さらにいえば、「豊かさ」の基準が、高度成長期に追い求めてきた「モノの豊富さ」から「心の豊かさ」へと変化してきたと同時に、「ゆとりのある生き方」や「個性的な生き方」が重視されるようになってきたのです。こうした面からも、福祉サービスも含めて、公共財全体に対する需要が地域ごとに多様化し、高度化してきたのです。

たとえば、2000年から始まった介護保険制度は、まさに、こうした状況の変化を反映して、それまでの福祉サービスと大きく異なるものとなりました。介護保険制度では、国がサービス料金の単価を設定し、市町村が地域の事情も加味して保険料を決め、要介護認定をしたうえで、一定のサービス水準を提供することのできる法人（株式会社、NPO法人、社会福祉法人、医療法人など）が指定業者として介護サービスの供給を担う、という仕組みになっています。この場合、地理的に提供範囲が限定されることで排除性が強まる公共財とみることができますので、介護サービスは準公共財という設定になっています（もし、福祉サービスを国が一元的に供給していた時代であれば、その一環としての介護サービスも純粋公共財となります）。サービスの利用者は、保険料を支払い、指定事業者であれば、民間企業やNPO法人、社会福祉法人、医療法人などの中からどの事業者を選んでもよいし、各法人の提供するサービスの組み合わせを選んでもよいのです。サービスの利用時には、利用料の1割を負担します。現実には、いろいろ問題がありますが、まさに、個々人の、介護という準公共財に対する需要の多様化に対応するために創設された制度といえるのではないでしょうか。

仕組みに着目すると、介護保険事業は、国（制度設計）、地方自治体（保険料徴収、要介護認定、事業者の指定・監督）、民間企業セクターとNPOセクター（サービス供給）が、それぞれ役割分担をして協働している、と見ることもできます。

ここで、ＮＰＯセクター、特に、ＮＰＯ法人の抱える問題点を思い出してください。第４章で見たように、活動資金と人材の不足が大きな問題となっています。活動資金と人材の不足は、ボランタリーの失敗のうち、「不十分性」にあたります。介護保険事業のような安定的な事業収入がない、あるいは、安定的で多額の会費・寄附金収入のほとんどないＮＰＯ法人もかなり多いはずです。また、介護分野以外の分野では、「アマチュアリズム」の該当するＮＰＯ法人も決して少なくはないと思います。そして、「資金面以外でＮＰＯ法人の活動を支えていくために必要なこと」のトップに、「ＮＰＯと行政との協働の促進」という回答があげられています。

ここで、前述の「３つの失敗」論を使って、介護分野における政府セクターとＮＰＯセクターとの関係を見てみると、「市場の失敗→政府セクターによる補完→政府の失敗→市場セクター・ＮＰＯセクターによる補完→ボランタリーの失敗→政府セクターとＮＰＯセクターとの協働」ということになります。

「３つの失敗」論に欠けているもの

ところが、スタインバーグは、市場の失敗・政府の失敗・ボランタリーの失敗という「３

つの失敗」論を検討したうえで、経済学から見たＮＰＯの理論としては、欠けているものがあると主張しています（Powell and Steinberg (ed.), 2006, pp.129-134）。経済学では需要と供給がキー・ワードの1つですが、「3つの失敗」論はすべて需要サイド（demand side）の理論であり、供給サイド（supply side）の理論が足りないというのです。ここでは、紙幅（と時間）が足りませんので詳しくは述べませんが、要するに、彼は、消費者がＮＰＯからサービスを購入したり、寄附をしたりする理由については説明されているが、それではなぜ、消費者がサービスを購入したり、寄附をしたりすることができるようなＮＰＯがつくり出されたのか、その理由については説明されていない、というわけです。彼は、新たにＮＰＯを設立したいという人と既存のＮＰＯを維持したり、つくりかえたりしたいという人とをまとめて、「起業家」と呼んでいますが、彼の提示しているフレームワークでは、この起業家こそが供給サイドの理論の中核にあるのです。

起業家予備軍は、「公共財の状況」や「人々の嗜好の変化」、「信頼性」、「収入と役得」などのことがらに関心を持っています。ここで一言付け加えておくと、「収入と役得」の役得は、ファースト・クラスでの出張というようなものではなく、ＮＰＯでしか味わえないような醍醐味のようなものをいいます。こうしたことがらと、「参入するための費用」、「経営資源の調達のしやすさ」、「規制とその実施状況」などとを考え合わせたうえで、「ＮＰＯを創設する」、「既存のNPOをつくりかえる」、「NPOではなくほかの形態の団体を創設する」、「政府に対してロビー活動を展開する」などの結論を出すのです。供給サイドの選択肢の1つにNPOの設立があるのですが、これと需要サイドの要因とがマッチしてはじめて、NPOセクターの台頭・存続につながっていくというわけなのです。

協働とは何か：定義と原則

前々節では、「政府セクターとNPOセクターとの協働」という言葉が登場しましたが、では、そもそも「協働」とは、何でしょうか。ここでは、政府セクターのうち、私たちにとってより身近な県レベルにおける「協働」について、筆者の生活圏でもある福岡県と佐賀県での考え方を示しながら、ふれておくことにしましょう（なお、本章では、サラモン(Salamon, 1995) と同様に、「コラボレーション (collaboration)」や「パートナーシップ(partnership)」という言葉も同じ意味で使っています。筆者自身は、コラボレーションを「事業レベルにおける協働」、パートナーシップを「組織レベルにおける協働」ととらえ、コラボレーションとパートナーシップは「協働」の2つの面を含んでいる、という考え方をしています。しかし、本書は「協働論」の専門書ではありませんので、コラボレーションもパートナーシップも協働と同じものを意味する、としておきます）。

まず、福岡県では、協働を「ボランティア団体・NPO、行政、企業のそれぞれの主体性・自発性のもとに、互いの特性を認識・尊重し合いながら、対等な立場で、共通の目的を達成するため協力・協調すること」と定義しています。また、行政や企業との「協働を進めるに当たっての原則」として、①自立性、②相互の理解、③目的の共有、④対等な関係の構築、⑤公開の原則、の5つをあげています（福岡県（a）、2003、p.17）。

佐賀県の定義は、『協働とは、「異種・異質の組織」が、「共通の社会的な目的」を果たすために、「それぞれのリソース（資源や特性）」を持ち寄り、「対等の立場」で「協力して共に働く」こと』であるとしています（佐賀県、2004、p.11）。そして、そのための「基本原則」として、①対等な関係、②相互理解、③目的の共有と明確化、④情報公開と守秘義務、の4つをあげています（佐賀県、2004、p.22）。

両県で見られる相違点には、福岡県の場合、行政の協働相手としてのNPOセクターを「ボランティア団体・NPO」としていますが、佐賀県の場合は、「CSO」としているところにあります。CSOとは、国連で認められている用語の1つで、Civil Society Organizations（市民社会組織）の略称です。佐賀県の場合は、NPO法人や、市民活動・ボランティア団体などの「志縁組織」と、婦人会、老人会、PTAといった組織・団体である「地縁組織」とを合わせて、CSOとしています（佐賀県、2004、p.6, p.8）。まさに、県民総がかりで地域のさまざまな問題に取り組む、という姿勢が伝わってきます。

一見、第2の相違点として、福岡県が「①自立性」と「④対等な関係」を別項目にあげているのに対して、佐賀県は「①対等な関係」があげられているけれども、「自立性」があげられていないというところにありそうです。しかし、実は、後者の場合、「対等な関係」の前提として「自立性」を含めていることを、「協働指針」の中ではっきり述べていますので、両者ともに「まずは自立、その後に対等な関係」という考え方であることに違いはありません。

そうすると、あとは細かな違いでしかありません。むしろ、自立性、対等性、相互理解、目的の共有、公開性、と共通項が目に付きます。ここで、これらの項目について、少しふれておきます。

その第1は、自立性と対等性についてです。確かに、「まずは自立、その後に対等な関係」というのは、その通りだと思います。精神的自立だけでなく、経済的自立もしていないと対等な関係は望めません。しかし、よく考えてみると、市町村レベルであっても働く人の人数や予算の面から見て、並のNPOでは、実際には対等になりえません。したがって、中小零細NPOは単独で協働にのぞむより、NPO同士で連合体をつくってのぞむというのも一案です。その方が多様な背景や発想、パワーを持つ人財が集まる可能性があるからです。場合によっては、活動分野や活動地域を超えて連携することが有効かもしれません。

次に、「相互理解」、「目的の共有」についてふれましょう。協働についてのあるワークショップで、筆者と某NPO法人理事、行政の市民活動担当者が講師として招かれた際、お二人の講師から「相互理解」ということについて印象に残る言葉がありました。その1つは、相互理解の前に「みずからの理解」を、というものでした。つまり、自分たちの所属する組織なり団体なりを理解していないと、協働するべき相手かどうか、また、どのように協働するのかわからない。そして、みずからを理解するには、SWOT分析をして、自分たちの組織の強みと弱み、自分たちの組織にとって機会となるものと脅威となるものを図解に落とし込んでいけばよい、というわけです。言い換えると、戦略的発想を協働に持ち込むことが提案されたのですが、協働相手と危機感の共有もできるようになるかもしれません。

もう1つは、異なるセクターに属する組織同士の協働は、異文化交流と類似した面がある、ということです。たとえば、行政職員は、NPOのメンバーと同じ日本語で話しているつもりだけれども、行政用語が異国語並に特殊な言葉であることに気がついていないと、理解し合えないし、お互いに敬意を持って、相手の立場を認める姿勢がないと、協働などできない、と。双方にコミュニケーション能力が求められる、というわけですね。

協働のカタチ

さて、協働は実際に、どのような形で行われるのでしょうか。これにはいくつかありますが、ここでは、最も代表的な形態―協働委託（福岡県）、協働型委託（佐賀県）―を説明するにとどめておきます。それぞれの「協働指針」の中で、以下のように説明されています（傍線は筆者による）。

協働委託（福岡県（a）、２００３、pp.24-25）：
概要＝通常の企業等への委託とは異なり、お互いに目的を共有できる事業について、ボランティア団体・ＮＰＯの特性が活かせるような協働になじむ事業を委託すること。
協働の効果＝ボランティア団体・ＮＰＯが専門性やネットワークを活かして県民ニーズに合ったサービスを供給することが期待できる。
留意点＝実施主体は行政であり、最終的な責任も行政にある。行政の下請化を回避し、ボランティア団体・ＮＰＯが自主性を発揮した効果的な事業実施が可能になるよう、仕様書の作成段階でボランティア団体・ＮＰＯとの意見交換を十分に行い、役割分担を検討する必要がある。

協働型委託（佐賀県、２００４、p.27）：

> 協働型委託とは、協働の領域における委託であり、企画段階からＣＳＯと行政とが協議しながら、財政効率よりも事業プロセスを重視した委託である。これに対し、「従来型委託」は、行政が企画し、事業完了までのプロセスより財政効率を重視している。
>
> 行政の事業を委託するものなので、事業の実施主体は行政であり、その結果責任は行政が負い、事業の結果は行政に帰属することを認識し、契約は事業実施過程でむやみに変更できないことを委託側・受託側双方で確認すること。

両県以外にも協働委託を「協働」の代表例としている地方自治体はありますが、この点について、注意しなくてはならないことがあります。それは、「協働委託」、「協働型委託」と「協働」が付いていても、元・神奈川県職員の椎野修平氏が指摘しているように、実際には事業委託の変形であって、協働ではない、ということです（上條・椎野編著、２００３、pp.84-87）。確かに「通常の企業等への委託とは異なる」とか、「企画段階からＣＳＯと行政とが協議しながら、財政効率よりも事業プロセスを重視した」とか述べて、従来の委託とは異なるものであるという位置づけにはなっています。しかし、傍線の部分から、事業の実施主体も責任も成果もすべて行政側にある、ということがわかります。このとき、ＮＰＯからサービスを購入し、ＮＰＯの持っている専門性を活用することに自治体のねらいがある、といいます。そして、自治体がＮＰＯに発注する事業というのは、実は、ＮＰＯが望んでいるものかどうかという観点からではなく、自治体が実施しなくてはならない事業であるにすぎないし、自治体がお金の出所を握っている以上、お金を出してもらう側のＮＰＯとの間に対等な関係とはならない、と警告を発しています。

アメリカのリンデンは、「コラボレーションとは共働（co-labor）や、一体的な取り組みと共同所有権（joint effort and ownership）に関するものであり、その最終成果はこちら側のものでも、向こう側のものでもなく、参加者全員のものである。つまり、異なった組織（あるいはある組織の中の1部署）の人々が一体となって取り組み、さまざまな資源を共有し、共通の意志決定を通じて何かを共に産み出し、最終的な生産物あるいはサービスの所有権を共有するという場合に行われるものなのである」と定義づけています（Linden, 2002, pp.6-7）。このリンデンの考え方は、多くの自治体での考え方―事業の実施主体は行政であり、その結果責任は行政が負い、成果も行政に帰属する―とは異なっていますが、一定の説得力を持っているように思います。なぜなら、ＮＰＯは協働に一定程度以上の時間とエネルギーをかけ、さまざまな工夫をし、「最終的な生産物あるいはサービス」をつくり出しているからです。

しかし、行政からの委託である以上、住民の税金（＝公金）をあずかる行政としては、公正性を担保するためには当然のことだと、行政側から反論がなされるかもしれません。筆者は、必ずしもこうした仕組みだけが公金使用の公正性を確保する手段ではないと思います。たとえば、神奈川県では「かながわボランタリー活動推進基金21」を設けて、「協働事業負担金」事業を行っています（上條・椎野編著、2003、pp.82-87）。この事業は、NPOからの事業申請を第一次選考で第三者機関である審査会が審査し、その後に県の担当部署とNPOとが協議したうえで、最終選考へと進み、審査会が最適と判断すれば、県の担当部署とNPOの役割と責任の分担を明確にした「協定書」が締結され、「負担金」が交付される、という仕組みになっています。この事業の特徴は、一連のプロセスに関係する書類をすべて公開し、公正性と透明性が確保されていることや、県の担当部署ではなく、本事業の事務局であるかながわ県民活動サポートセンターから「負担金」が交付される、ということにあります。この「負担金」の意味合いは、行政が、社会に不可欠な公益性の高い活動を行っているNPOと連携するのは当然のことであり、「そのための必要経費を負担する」ということになっています。

以上、行政とNPOとの協働について見てきましたが、NPOは同じ民間組織である企業とも協働することがあります。ここで、筆者にとって身近な佐賀県鳥栖市における新しい動

図表17　まちスポ鳥栖オープン！

きをご紹介しましょう。
　本書改訂版執筆中の2016年7月2日、鳥栖駅前にあるショッピング・センターのフレスポ鳥栖の一角に、「まちづくりスポット鳥栖（以下、まちスポ鳥栖）」がオープンしました（図表17）。まちスポ鳥栖は、仮認定NPO法人とす市民活動ネットワーク（以下、とす市民活動ネット）と大和リース株式会社（以下、大和リース）とが協働で運営する施設です（図表18参照）。とす市民活動ネットは、鳥栖市から「とす市民活動センター管理運営事業」を受託し、同センターを拠点として活動している中間支援組織です。一方、大和リースは大阪市に本社を置き、従業員数2、172名、売上げ高約1、800億、創業57年の企業です。事業内容は、「規格建築事業」、「流通建築リース事業」、

図表18　まちスポ鳥栖における協働

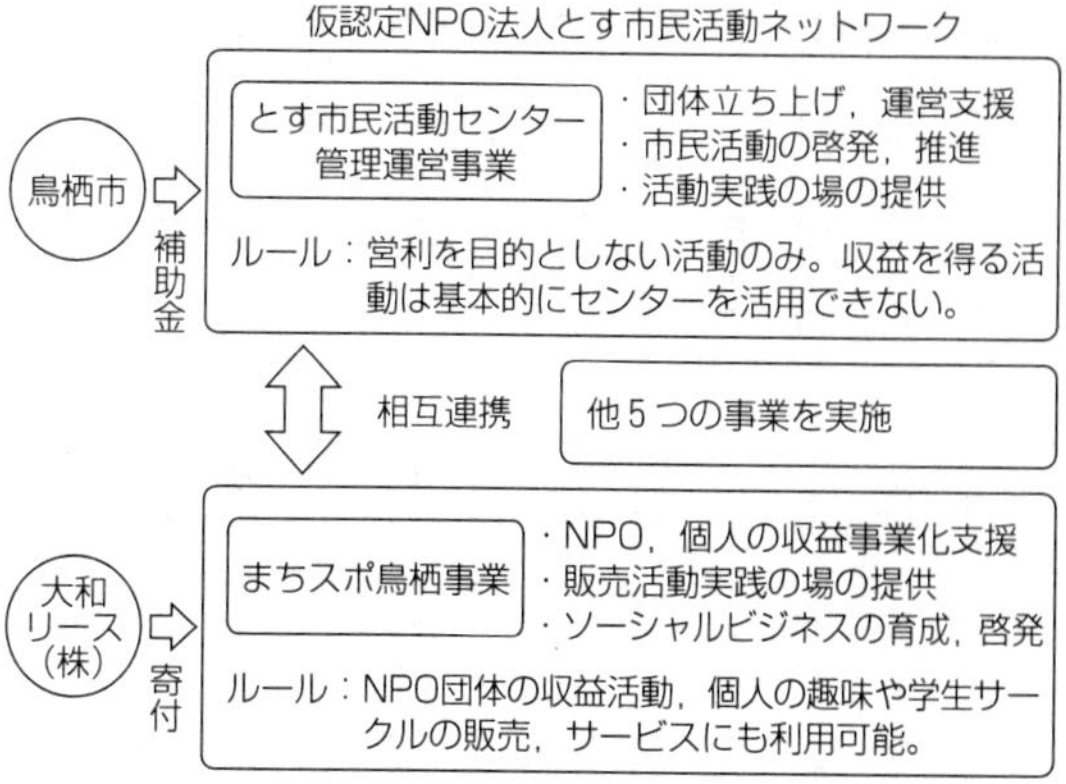

出所：NPO法人まちづくりスポット飛騨高山事務局長・田辺友也氏作成。

「環境緑化事業」、「リーシングソリューション事業」の4つですが、流通建築リース事業部門がまちスポを担当しています。まちスポは、2016年7月現在、飛騨高山をはじめ、神戸、稲毛、茅ヶ崎、恵み野（北海道）、鳥栖と全国に6カ所開設されています。

まちスポは、2013年3月、NPO法人ソムニード（現・認定NPO法人ムラのミライ）と大和リースとが協働して「NPO法人まちづくりスポット」を設立し、飛騨高山の交流施設として「まちスポ飛騨高山」を開設したのが始まりです。同年11月、この協働事業が評価され、第10回日本パートナーシップ大賞優秀賞を受賞しました。主催者であるNPO法人パートナーシップ・

サポートセンターは、同法人のウェブ・サイトにて「壊れかけた地域社会を立て直すことが、持続可能な社会づくりにつながるという点で一致した企業とNPO。ショッピングセンターの建設に当たって、地域活性化を支援する場を設置し、両者でNPO法人を設立した。市民と企業のマッチングを行うなど、行政ではできない活動で、まちづくりに新しい風を起こしている。さらに、この取り組みをモデルケースとして、同様の活動を全国各地に展開し、社会全体が元気になることをめざしている」という講評を掲載しています。

大和リース株式会社流通建築リース事業部事業推進部の小林義徳部長によれば、全国的に人口減少が続く中、とりわけリーマン・ショック後、同社の売上げが低下してきているにもかかわらず、建物を作るだけ、という状況に陥り、それが同社の弱みである、と社内で認識されていたそうです。と同時に、それをどう改善するかが課題だったのです。一方、NPO法人まちづくりスポットの田辺友也事務局長は、「NPOの最大の強みは、社会を変えるために多くの人からの共感を得ながら、多様な収益源を持つことができることにあります」と述べています。さらにいえば、NPOと比較した場合、企業の強みは、なんといっても資金力にあります。一方で、NPOの弱みは資金と人財の不足にあります。この両者が協働して、まちスポの使命を「コミュニティづくり」と定めています。お互いの強みを活かす協働にしていくため、同社は、まちスポの運営面にも関わっています。具体的には、5つのまちスポのうち、4つのまちスポで代表や共同代表に就任しています。あるいは、理事や会員として参加しています。毎月1回程度行われる運営会議には、同社社員も参加し、イベント開催にあたっては、いわゆる「企業目線」から意見を出すこともあるそうです。しかし、内容については、ほとんど口出しをしないようにしているとのことです。人件費を含めて、運営資金については、大和リースからの寄附として提供されています。その金額については、毎年1回、まちスポの運営状況を見ながら判断するとのことですが、事務局の人件費が担保されているというのは、人財確保や事業の安定性という面から特筆すべきことだと思います。

小林氏によれば、まちスポの設置基準は、行政や地域社会からの要請があるかどうかという点にあるといいます。利益については、売上げに直接つながるかどうかわからないので、利益優先というわけではないとのことです。それよりも、人々が集い、街が活性化することを通じて、同社のファンづくりにつながればありがたい、ということなのです。

ところで、リンデンは、コラボレーションを行うことによって、①「希少な資源の活用＝コストの低減」、②「自組織だけでは創造できないものを創造する力」、③「エンド・ユーザー（末端の利用者）のためのより質の高い、統合的な生産物あるいはサービス」、④「コラボレーションに参加する組織や個人の学習の可能性」、⑤「価値のある成果に到達するための、より高い能力」という5つのものを参加者が得ることができるのであれば、実施する価値がある、としています（Linden, 2002, p.7-9）。

①は、規模の経済を通じて、参加者のコストを減らすことができる、という意味です。

次に、②は、個々のNPOや自治体、企業だけではできないことができるようになる、ということです。さらにいえば、シナジー効果（1＋1＝2ではなく、1＋1＞2となるような結果が得られるような効果）が生じる、ということも意味するのではないでしょうか。

続いて、③についてです。彼は、地域で行われているさまざまなヒューマン・サービス―ソーシャル・ワーカーの各家庭への訪問、訪問看護、職業訓練センターでのコミュニティ活動、スクール・カウンセラー活動など―が個々バラバラに提供されるのではなく、エンド・ユーザーのために、各サービス提供者がまとまって連携するべきだと意識しています。

④について、彼は、情報や知識の共有を奨励する組織文化を持っている組織だけが学習し続けることができると、述べています。

最後に、⑤についてです。彼は、コラボレーションによって、より良い、価値のある成果が達成できるかどうかが重要なポイントであるとしています。

つまり、リンデンは、地域や住民への公共財・準公共財の供給だけでなく、コラボレーションを実施した組織や人々の能力向上やその機会までも視野に入れています。そして、地域やそこに住む住民だけでなく、コラボレーションに関わった組織・個人まで効果が得られるものであるという認識を持っている、といえます。

さらに、協働の参加者の関係は、「Ｗｉｎ―Ｗｉｎ」の関係でなければ、うまくいきません。これは、協働をすることによって、双方がある程度満足し、それが双方に達成感をもたらすことができる関係ということを意味します（ただし、もたれ合い・なれ合いにならないようにしなければなりません）。

協働とネットワーク

さて、行政職員の方が「異動でＮＰＯの担当になってしまったので、協働をしなくてはならないのですが、どうすれば協働がうまくいくのか、よくわかりません」という趣旨のことを口にされることがよくあります。しかし、協働は、ある日突然、始まるものではありません。正論をいえば、ＮＰＯのボランティア活動への参加などを通じて、日頃からネットワークづくりをしておけば、実際に協働する段になってあわてる必要もないし、目的や目標も共有しやすくなります。地域や社会のためにいっしょに仕事をしてみたいことがあれば、ともに夢を語り、つくり出していこう、というスタンスでのぞめばよいのではないでしょうか。

もう１つの方策は、各地にある「中間支援組織」から協力を得ることが考えられます。中間支援組織とは、簡単にいえば、「ＮＰＯを支援するＮＰＯ」です。また、内閣府の「平成13年度中間支援組織の現状と課題に関する調査報告」（第2章）によれば、「多元社会における共生と協働という目標に向かって、地域社会とＮＰＯの変化やニーズを把握し、人材、資金、情報などの資源提供者とＮＰＯの仲立ちをしたり、また、広義の意味では各種サービスの需要と供給をコーディネートする組織」と定義されています。その機能としては、①資源（人、モノ、カネ、情報）の仲介、②ＮＰＯ間のネットワーク促進、③価値創出の3つがあげられています（①と②の機能を合わせて、パートナーシップ創出機能と呼ぶこともできます）。

①は、資源提供者（行政、民間企業、個人など）とＮＰＯとを仲介することで、ＮＰＯを育成し、資源提供者向けにサービスを提供する機能です。資源提供者向けのサービスというのは、おそらく、行政や民間企業が協働する相手を探したい場合に、どのようなＮＰＯがあるのかを知ってもらうための、出会いの場を提供するというようなことでしょうし、個人なら、ボランティア活動をしたり、寄附金を出したりする場としてのＮＰＯの情報を提供するというようなものが考えられます。ちなみに、ＮＰＯの皆さんには、単に、出会いの場に出ていくだけでなく、もっと「提案力」をアップしていただきたいという声を、行政や民間企業の関係者から聞くことがあります。何をどう協働していけばよいのか、わからなくなって

しまう団体もあるからです。

②は、ＮＰＯ同士を仲介することで、ＮＰＯ同士がさまざまなレベルでネットワークを組み、それぞれのＮＰＯが抱える問題の解決を図るという取り組みを促進する機能です。もちろん、ＮＰＯがみずからネットワークをつくり出せるとよいのですが、日頃の活動で忙しいばかりでなく、意外にも、ＮＰＯの関係者は活動分野ごとに縦割りになっていることが多いのです。そこで、中間支援組織が仲介役となって、新たなネットワークをつくり出すことが必要とされる場合もある、というわけです。

③は、ＮＰＯに対する新たなニーズを見つけ出す、社会的課題については調査研究をする、さらに、社会全体に訴えて共有化し、新たな問題解決方法や政策提言などに活かす、といった機能です。

ところで、「ネットワーク」とは何でしょうか（今田編著、２０００、pp.115-117)。実は、ネットワークは、もともとは道路、鉄道、運河などの「複合的構造」を意味する言葉でした。つまり、何かの起点と終点を結ぶもの同士が、つながって一体となったものです。たとえば、情報ネットワークというとき、思い浮かぶのは、インターネットかもしれません。自分のパソコンの端末と世界各地のパソコンの端末とが、情報の流れでつながっているのですが、それは1本の直線的な流れではなく、世界中のさまざまな網の目のようなサーバー網を経由しているのです。

しかし、現代では、「人と組織の横のつながり」を指すことも多くなっています。横のつながりということは、縦でないということですので、上下関係がないということです。誰かに命令されて何かをする、という関係ではなく、自発的につながっていくことで、自由な発想が生まれるというイメージです。また、インターネットの発達・普及のおかげで、今や、人と組織の横のつながりが地球規模で出現しています。

話をもう少し身近なところにもどしましょう。

さて、全国のあちらこちらで、ネットワークづくりと称して、名刺を交換し合う風景が見られます。このような場に身を置くたびに思い出すのが、あきたボランティア協会・菅原雄一郎会長の「ネットはワークさせなきゃ、意味がないんですよね」という言葉です。実に、言い得て妙です。相手と名刺を交換しただけでは、「ネット」は「ワーク」しないのです。この場合、ネットは人脈と置き換えてもよいのですが、ネットをワークさせる、つまり、人脈を機能させなければ、単なるネットであって、ネットワークとはいえません。ある人のネットをワークさせるには、お互いにとって有益な情報（アイディアや知識など）や、人脈、労働力を交換し合うことです。組織としても同じことがいえますが、分野や組織を超えた幅広い協働関係を築くことがネットワークに広がりをもたらします。そのとき、しっかりした組織体制をつくり上げた、自立的・自律的な組織同士でつながっていけば、協働が成果を生む可能性が高くなるのです。こうした協働関係を築く際に、仲介役がいればありがたいはずです。この仲介役の1つが中間支援組織なのです。

協働で心配されること

では、協働には何の問題もないのかというと、そうではありません。たとえば、サラモンは、ＮＰＯと行政とが協働を行うというとき、両者にはそれぞれ心配な点があるといいます(Salamon, 1995, pp.103-109)。

まず、ＮＰＯ側から見て、①団体の「独立性」が損なわれる、②場合によっては「提供者中心主義（Vendorism）」に陥る、③「官僚制化」するおそれがある、という3点があげられます。

①については、言い換えれば、ＮＰＯが行政依存体質になってしまう、ということです。

これと同じことを、イギリスのシンクタンクＤｅｍｏｓを訪問した際にも、事務局長からうかがったことがあります。そのときは、まさに、ブレア政権下で政府セクターとボランタリー・セクター（ＮＰＯセクター）とのパートナーシップが一種の流行になっていた頃でしたが、Ｄｅｍｏｓは一切、行政からの資金提供を受けていないし、これからも受ける気はない、とのことでした。理由は、１ポンドでもお金をもらってしまうと、独立性を保てないから、ということです。では、その資金源はというと、自前の調査報告書の売り上げと、会員からの会費、寄附金でほとんどを賄っているということでしたが、彼らの姿勢に共感する大口寄附者には、貴族や国会議員もいるそうです。事務経費を削減するために、ほかのチャリティ団体（ＮＰＯ団体）と共同で、１フロアを借りるなどの工夫もしていました。

その逆の例もあります。あるＮＰＯ法人は、総収入の９割以上が行政のある部署からの委託事業費となっているという状態でしたが、筆者は、この法人の事務局長に対して、このような状態は健全ではない、財政難の行政がいつ委託費の大幅減額を言い出すかわからないから、自主事業収入につながるような方策を考えた方がいいのではないかと私見を述べました。実は、彼もかねてから同じことを考えていたそうです。後日、この事務局長からの要請で、筆者はその法人の理事として参加することになったのです。その２年目のことです。これから３年計画で、法人経営の自立性を高めるために、自主事業収入につながる収益事業を大幅に増やすには、どのような事業の策定をするのかという議論を始めたとき、これに対して強く抵抗する理事がいるのです。彼の言い分は、行政はＮＰＯとの協働の旗印の下で、これからもまだ協働のための予算を減らすことはないから、むしろ、現在まで協働相手になっていないほかの部署にどんな委託事業の提案をするべきか考える段階だ、自主事業など考える余地はない、といって譲らないのです。議論が進まないまま、まさにその年の秋も深まった頃、それまでの委託事業の成果が思わしくないことを理由に、その法人に対して委託事業費の全面カットが通告されました。そして、資金調達のメドも立たないまま、法人に閉塞感が漂う中、とうとう解散という道を選択しました。これほど極端な例は、ほとんど見られないかもしれませんが、行政依存度の高いＮＰＯは、そうしたリスクを普段から自覚し、経営の自立度を高めておくようおすすめします。

②は、最悪の場合、資源の提供を受けるＮＰＯが、提供者の都合に合わせてミッションを歪めてしまう（あるいは、すっかり変えてしまう）という状態に陥るおそれがある、ということです。よく、ＮＰＯ関係者が「行政の下請化」を問題点としてあげることがありますが、これと同じことをいっているのだと思います。

③についてです。行政には、議会や一般市民に対して、定められた基準に沿った説明責任（アカウンタビリティ）を果たさなくてはなりません。そのため、行政はＮＰＯにもそうした基準に合わせた行動をとることを要求し、ＮＰＯはそれを余儀なくされるかもしれません。そうすると、ＮＰＯは決められたようにしさえすればよい、という姿勢になり、みずからの柔軟性やボランタリー性を失ってしまうことになりかねない、というのです。

これに対して、行政側からは、①「NPOに対して効果的なコスト・コントロールが機能しにくいこと」と、②「アカウンタビリティの面で弱いこと」を心配する声があるようです。

①については、1つには、サービス供給者であるNPO間の競争があまりないので、協働を実施する前よりコストが増加する場合とそうでない場合との区別がつきません。あるいは、コストが増加しても、それなりの成果があがればいいのですが、その成果自体の効果的な測定が難しいので、本当にこのNPOと協働してもよかったのか、ときかれても、答えようがないかもしれません。また、たとえ、成果が測定できたとしても、成果に応じた行政の意志決定なども欠けているために、コスト・コントロールがうまく働かない、ということになります。

②は、①とも関連しています。つまり、①のような状態であるため、行政としてはいきおい、議会や行政内部、一般市民へのアカウンタビリティに問題が生じるのではないかという心配が出てきます。そうすると、応募や報告に関する手続きに頼ってしまい、いわゆる「手続き主義」に陥ってしまいかねません。

さらにいえば、行政が事業の内容より報告書の見栄えを要求するというような場合には、NPO側の負担が増すことにもなるのです。実際、筆者の取材した範囲でも、委託協働事業の相手方となっている部署の要求に応じた報告書を書くことに忙殺され、年度末の2カ月間というもの、自分たちの事業が休業状態にならざるをえないという団体がありました。というのも、仕事や家事をこなしながら、睡眠時間を削って書いていた、その団体で数少ない報告書の書き手は、さまざまな事業の中心人物でもあったからです。

こうした問題以外にもさまざまな問題点があるかもしれませんが、これから社会（地域社会）の抱える課題を解決し、変えていくには、各セクターの協働が必要です。なぜなら、どちらか一方だけでは、中途半端な取り組みになりかねないからです。上述の問題点に留意しつつ、どのようにすれば、各セクターの最大の強みを引き出す協働を実行に移していくことができるのか、それが、これからの課題ではないでしょうか。

第Ⅲ部　ＮＰＯのこれから

第11章　アメリカのＮＰＯ制度

日本のＮＰＯ制度はアメリカの制度を参考に作られたものであることは、すでに述べたとおりです。アメリカは、いわば、ＮＰＯの本家本元ともいえる存在なのです。

そこで本章では、アメリカにおけるＮＰＯ法制度について、その概略を説明しましょう。

アメリカでは、内国歳入法（Internal Revenue Code；ＩＲＣ）によって、ＮＰＯを分類することが一般的です。内国歳入庁（Internal Revenue Service；ＩＲＳ）によれば、ＮＰＯとは連邦所得税が免除され、非分配制約を受ける団体のことで、活動の種類ごとに27のカテゴリーに分けられていますが、ＩＲＣで設定されている条件にかなえば、税制上の特典が増えるという仕組みになっています（以下、図表19参照）。

図表19　内国歳入法（Internal Revenue Code；IRC）によるNPOの分類

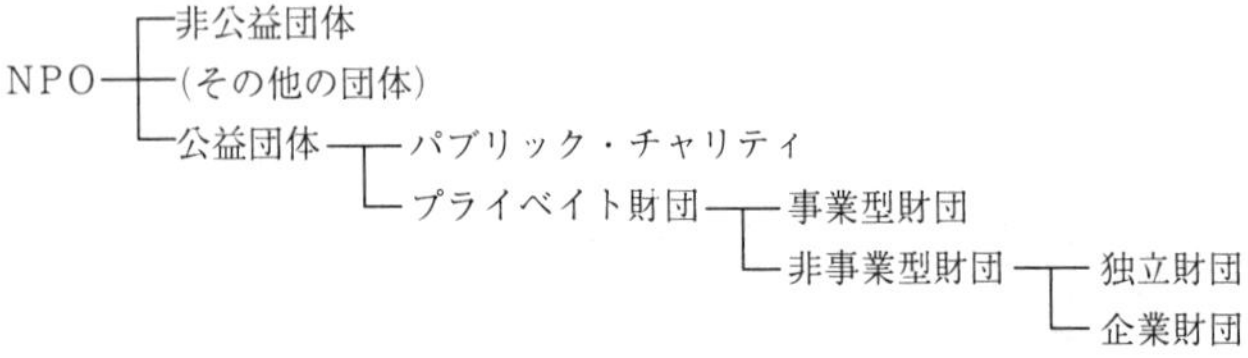

出所：Ben-Ner&Gui (ed.) (1993), p.245 を簡略にした。

まず、ＮＰＯは、大きく非公益団体（Noncharitables）と公益団体（Charitables）とに分類されます。

非公益団体は、相互に利益を享受する団体（mutual benefit associations）であるため、非営利には違いないけれども非公益の団体である、とみなされています。法的には、ＩＲＣ§５０１（c）（4）～（27）の適用を受ける団体です。これに対して、公益団体は非営利の団体であるだけではなく、公衆が利益を享受する団体（public benefit associations）でもあるという位置づけです。つまり、ＩＲＣ§５０１（c）（3）の中で「宗教的、慈善的、科学的、文学的、あるいは教育的目的を有する団体、および公共の安全を審査する団体、国内のあるいは国際的な特定の（アマチュア）スポーツ競技を促進する団体、児童や動物の虐待を防止する活動をする団体」であると規定されている団体のことです。この§５０１（c）（3）の適用を受ける団体には、企業や個人が損金算入や寄付金控除を行う際、税制上の特典が与えられています。

さらに、§501（c）（3）適用団体のうち、同じくIRCの§509（a）（1）～（4）のいずれかの条件を満たす団体は、パブリック・チャリティ（Public Charities）として位置づけられます。IRC§509（a）（1）～（4）の内容は、

§509（a）（1）…教会、学校、病院、学校を援助する団体、政府機関、一般大衆の出捐を受けている団体

§509（a）（2）…総収入（全額が大衆からの収入）の3分の1以上が献金、助成金、会費、入場料、関連事業等からなり、投資収益からの収入が3分の1以下の団体

§509（a）（3）…（1）、（2）の団体を援助する団体

§509（a）（4）…公共の安全を審査する団体

となっています。このうち、§509（a）（1）には幅広い範囲の団体が含まれていますが、その具体的基準についてはIRC§170（b）（1）（A）（i）～（iv）に定められています。

上記（1）～（4）のいずれの条件も満たしていない団体は、プライベイト財団として位置づけられます。プライベイト財団は、事業型財団と非事業型財団とに分類され、非事業型

財団は、さらに、独立財団と企業財団とに分類されます。

パブリック・チャリティに指定されると、プライベイト財団よりも優遇措置が増えます（ちなみに、次節で紹介するタイズ財団とタイズ・センターもまた、§170（b）（1）（A）（iv）の基準をクリアし、§509（a）（1）の条件を満たすパブリック・チャリティです）。たとえば、寄付税制の面からパブリック・チャリティとプライベイト財団とを比較した場合、個人に対する寄付金控除の取り扱いが大きく異なってきます。つまり、個人がパブリック・チャリティへ寄付した場合は、調整済み総所得（必要経費控除後の総所得）の50％まで控除可能となりますが、プライベイト財団の場合は、調整済み総所得の30％に制限されます（ちなみに、法人の損金算入についてはどちらも課税所得である税引き前利益額の10％までとなっています）。そのほかにも、投資収益の扱いや、議員に対するロビー活動の諾否などにも違いがあるようです。

以下に示した文章は、アメリカの中間支援組織であるインディペンデント・セクター（Independent Sector）が出しているアメリカのＮＰＯセクターの概要です。ある程度、アメリカのＮＰＯ制度の概要がつかめたら、この文章の内容が理解できるようになると思います。

ＩＲＳに登録済みのアメリカのＮＰＯ数は、１９９２年時点で１０３万団体であったが、２００６年現在で１９０万団体を超えている。１９８７年から２００６年の間に、ＩＲＳ登録済みＮＰＯの増加数は、同時期の企業セクターの増加数の2倍に達している。

ＩＲＣ§５０１（ｃ）（３）の適用団体は、約１４０万団体にのぼり、ＮＰＯの多数派を形成している。５０１（ｃ）（３）適用団体数は、過去10年間、一貫して増加しているが、５０１（ｃ）（４）の適用団体数は、１９９７年以降、5％近く減少している。

また、パブリック・チャリティ全体の年間支出額の合計は、２００４年時点で、ほぼ1兆ドルであった。しかし、同時期に、パブリック・チャリティの73％は、年間支出額が50万ドル以下であり、小規模団体であることがわかる。１、０００万ドル以上の年間支出額を有するパブリック・チャリティは4％程度に過ぎない。

さらに、２００４年には、５０１（ｃ）（３）適用団体は９４０万人を雇用しているが、これは、アメリカの全雇用者数の約7・2％を占めている。この7・2％という比率は、金融機関よりも高い。ボランティアの活動を有給職員に換算した分を含めた場合は、１、４１０万人に達するという。５０１（ｃ）（３）適用団体の雇用者の平均週給は、２００４年時点で６２７ドル、営利セクター雇用者の平均週給は、６６９ドルであった。

いかがですか。「ＩＲＳ登録済みのＮＰＯ数１９０万団体超」、「ＩＲＣ§５０１（ｃ）（３）適用団体約１４０万団体」というのは、日本とアメリカの人口比がだいたい１：２であることを考えあわせると、「ＮＰＯ法人95万団体超」、「認定ＮＰＯ法人約70万団体」ということになります。文化や歴史、制度などに大きな違いがあるので、単純比較はできないことを承知のうえで、あえて言及してみました。

第12章　アメリカのＮＰＯから何を学ぶか

アメリカのＮＰＯから学ぶべき点はいろいろあげることができますが、ＮＰＯの経営、特に、人材と資金に関わる点から特に重要だと思われる「ボランティア・マネジメント」と「ＮＰＯの中間支援機能」という２つの点について、以下、それぞれの項目について説明しましょう。

ボランティア・マネジメント

最初に、ボランティア・マネジメントについてです。ボランティア・マネジメントとは何か？　これについて説明する前に、筆者自身の見聞したエピソードを紹介しておきましょう。

１９９７年頃だったかと思いますが、アメリカ・ロサンジェルスの現代美術館に立ち寄ったときのことです。その入り口あたりに置いてあったボランティア募集のパンフレットが目につきました（図表20参照）。手にとってみると、その誘い文句が振るっていました。曰く、

図表20　現代美術館ボランティア活動協議会のパンフレット

（表）　　　　　　　　　　（裏）

出所：筆者撮影。

「ボランティアになるチャンス～あなたもボランティア活動協議会の会員になって、現代美術の世界をもっと学ぼう」。パンフレットの裏面には、ボランティアになった場合の特典がズラリと並んでいるのです。「お2人まで1年間入場料無料」に始まり、「駐車場利用料金が週末無料」、「新規企画にご招待」、「美術館グッズ10％引き」、「会員誌購読料無料」と続きます。さらに、「展示物やプログラムに関する入門講座」や「学芸員やアーティストによる展示会場の館内ツアー」、「アーティストの制作現場やプライベート・コレクションの見学会」、「その他、アート教育関係の催し」、「季刊ニュースレター」についても特典あり、という具合です。現代アートに関心がある人にとっては、かなり実用的というかお得な感じがするのではないでしょうか。当時、日本の美術館でこうした美術館ボランティアの誘い方を見聞きしたことがありませんでしたので、感心しきりであったのを覚えています。もし、当時、筆者がロサンジェルス在住だったら、思わずボランティアに応募していたことでしょう。

さて、ボランティア・マネジメントとは、「ボランティアプログラム（事業）のマネジメントと、ボランティア（人的資源）のマネジメント」であり、「ボランティアという特殊な人的資源の開発・活用と、それにより、事業を成果へ導く方法を探求した体系」のことです（桜井、２００７、pp.104-105）。簡単にいえば、ボランティアを募集し、集まってくださったボランティアの方々に気持ちよく働いていただき、そうした働きを組織全体の成果につなげていく、という一連のサイクルを実践していくことです。

それでは、ボランティア・マネジメントは、具体的にはどのようなものでしょうか。ここでは、アメリカで日本人として初めて非営利修士号を取得した後、現地でＮＰＯを起業し、別のＮＰＯに就職した経験もある坂本文武氏の考え方と、アメリカでみずからＮＰＯを起業し、20年近くにわたって経営し続けた経験を持つ柏木宏氏の考え方に着目したいと思います。

坂本氏は、ボランティア・マネジメントの一連のサイクルを「組織編成、役割・業務定義→募集→オリエンテーションと研修→支援と動機づけ→評価」と表しています（坂本、2004、pp.184-191）。また、柏木氏は、大きく「第1段階（募集前）→第2段階（仕事開始前）→第3段階（仕事開始以降）」という3つの段階に分け、さらに、それぞれの段階を3〜4つに分けて示しています（柏木、2004、pp.80-98）。つまり、第1段階では、（1）ボランティア・プログラムのミッションの策定、（2）プログラムの構成の決定、（3）職務明細の作成、（4）募集方法の決定、がなされます。次に、第2段階では、（1）書類選考、（2）面接・採用・配置、（3）オリエンテーションとトレーニング、が行われます。そして、最後の第3段階では、（1）スケジュール管理、（2）ボランティアへのお礼、（3）ボランティアの評価、（4）ボランティア・プログラムの評価、が行われ、ボランティア・マネジメントのサイクルが完了します。基本的には、お二人の考え方に特に大きな違いはなさそうです。そこで、ここでは、坂本氏の図式と柏木氏の図式とを組み合わせながら、ボランティア・マネジメントのポイントについて示すことにしましょう。

（a）募集前の段階

この段階は、ボランティアの募集を開始する前に、あらかじめ準備しておくべき段階です。まず始めに、ボランティア・プログラムのミッションを策定します。プログラムのミッションには、誰を対象としてボランティアを受け入れるのか、プログラムの目的は何か、が示されます。ただし、プログラムの目的は、受け入れ側のＮＰＯのミッションと関連するものであることが必要です。そうでない場合、たとえば、収入の不足を補うだけのために募集するという場合、ボランティアは無料の下働きと化してしまう可能性があります。

次に、どの事業にどのくらいの人数と時間が必要かを割り出し、職務内容や有給職員との役割分担とともに、できるだけ具体的に書き出します。応募に必要な資格や条件があれば、それも明示しておきます。また、ＮＰＯへの参画意識を高め、ＮＰＯのミッションの実現に貢献できることが感じられるような仕事の内容を示すことができれば、ベターでしょう。

さらに、ボランティアの募集対象と募集方法・媒体とを検討することも必要です。たとえば、募集媒体にチラシを使うとして、いつ、どこで配るかをよく検討しなければ、資源のムダを重ね、徒労に終わるだけになりかねません。また、問い合わせがあることを想定し、常に誰かが問い合わせに応じられるような態勢を取ることや、そのための資料の用意もしておくべきです。

（b）募集の段階

この段階は、ボランティアの選考・採用・配置の段階です。選考には書類選考と面接とがあります。ボランティアが集まるかどうかさえわからないのに、選考なんていらないだろうという声が聞こえてきそうですが、そうではありません。それは、どのような技能や経験を持ち、どのような仕事や部署に向いているのか、場合によっては、向き・不向きを判断することができるからなのです。ただし、この場合の向き・不向きというのは、その仕事やその部署、あるいはそのNPOにとっての向き・不向きということであって、このことが必ずしもほかの仕事や部署、あるいは、ほかのNPOにも当てはまるわけではない、ということです。したがって、もし、選考にもれた人についても、本人の了解を得て、データ・ベースを作成し、次の募集機会に役立てることもできます。あるいは、つながりのあるほかのNPOを紹介できるところがあれば、紹介することもできます。もちろん、この場合も、事前に本人の了解を得る必要があります。

（c）オリエンテーションとトレーニングの段階

オリエンテーション（ボランティアに対する事前説明会）では、組織のミッションやルールを説明し、職員やほかのボランティアを紹介したり、施設・備品機器の扱い方を説明したりしながら、ボランティアができるだけ早く組織になじめるようにします。

トレーニング（ボランティアに対する研修）は、ボランティアがスムーズに活動を展開できるように行うものです。講義形式だけでなく、先輩ボランティアや有給職員等とのディスカッション（グループ、1対1）、活動現場ツアー、OJT（オン・ザ・ジョブ・トレーニング、現場トレーニング）などがあります。NPOの工夫のしどころです。

（d）支援と動機づけの段階

この段階では、業務をスムーズに遂行するためのスケジュールや業務進行の管理が必要となります。予定されていたボランティアの都合がどうしてもつかなくなった場合にも、スケジュール管理がきちんとしたものであれば、ほかのボランティアと連絡を取り、穴埋めをすることも可能になります。

また、活動現場でトラブルが発生した場合や活動現場での意思決定が必要になった場合、誰に相談したり、どのように対処したりするかをはっきりさせるために、指揮命令系統の明確化も必要なことでしょう。

さらに、ボランティア会開催などを設定し、感動体験を分かち合う、あるいは、ボランティアからの意見や不満を取り上げ、改善につなげていく、といった工夫があれば、モチベーション（動機づけ）の維持にもつながります。

（e）感謝と評価の段階

この段階は、ボランティアの活動に感謝の気持ちを伝え、3つの面から評価を行う段階です。

感謝の気持ちを伝えるにはさまざまな方法があります。会報に氏名を掲載する、会のホームページで活動の様子を伝える、地元のメディアに取り上げてもらう、ボランティア会などの場で表彰する、などいろいろ考えられます。これらは要するに、ボランティアにやりがいを感じてもらい、やる気を持続してもらうために必要なことといえるでしょう。

評価は、3つの面から行うことができます。ボランティア活動の評価、ボランティア・マネジメントの評価、ボランティア・プログラムの評価、の3つです。

ボランティア活動の評価には、ボランティアが自分自身の満足や成長を感じることができたか、スムーズに業務を遂行することができたか、どのような成果を上げることができたか、といった視点が含まれます。

ボランティア・マネジメントの評価では、ボランティアの配置は適材適所であったか、オリエンテーションとトレーニングは適切に行われたか、ボランティアに対する支援と動機づけは適切であったか、有給職員とボランティアの連携はうまく機能したか、がポイントとなります。

ボランティア・プログラムの評価は、（a）募集前の段階～（d）支援と動機づけの段階の各段階にわたってスムーズに進行していたかどうかを検討することがポイントです。十分な評価を行うには、プログラムの策定と決定に関わった人たちだけでなく、現場で連絡・調整にあたったボランティア・コーディネーター（ボランティア・リーダー）や活動現場のボランティア、受益者などから意見を聞くことが必要になります。

いずれにしても、この場合の評価は、改善点を見出し、次につなげていくために行うという視点が重要なのです。決して、優劣を決めるためのものではないことに注意してください。

また、こうした一連の流れだけでなく、各段階でも文書化しておくことが大事です。長期的に比較することも可能になります。

ところで、そもそも、こうしたボランティア・マネジメントはなぜ必要になってきたのでしょうか。柏木氏は、ＮＰＯへのボランティアの関わり方を分類し、理解するという視点からボランティア・マネジメントの必要性を指摘しています（柏木、２００４、pp.77-80）。

柏木氏によれば、NPOへの関わり方からみて、「政策ボランティアとサービス・ボランティア」、「信念型ボランティアと参加型ボランティア」という2つのボランティアの分類方法があります。

政策ボランティアとは、理事など、NPOの意思決定に関わるボランティアのことです。また、サービス・ボランティアとは、イベントやNPO運営の現場で活躍するボランティアのことです。この場合は、業務内容に着目した分類方法です。

これに対して、信念型ボランティアは、組織のミッションに共鳴して関わりを持つボランティアのことであり、参加型ボランティアは、組織というよりも、その組織で携わることのできる仕事に興味を持って関わりを持つボランティアのことです。この場合は、人々のボランティア活動に関わる意識の変化に着目した分類方法ということがわかります。

さて、信念型ボランティアの特徴としては、「自分自身とNPOとを一体化して考える」、「組織の事業や運営面に幅広く関わる」、「組織内での地位や発言権を求める傾向が強い」、「長期間関わる」という点があげられています。参加型ボランティアについては、「自分の仕事や組織への影響に関心がある」、「組織の事業や運営面にはあまり関心を持たない」、「組織内での地位や発言権にも興味がない」、「長期間関わることがない」という特徴があげられています。

図表21　NPOへのボランティアの関わり方

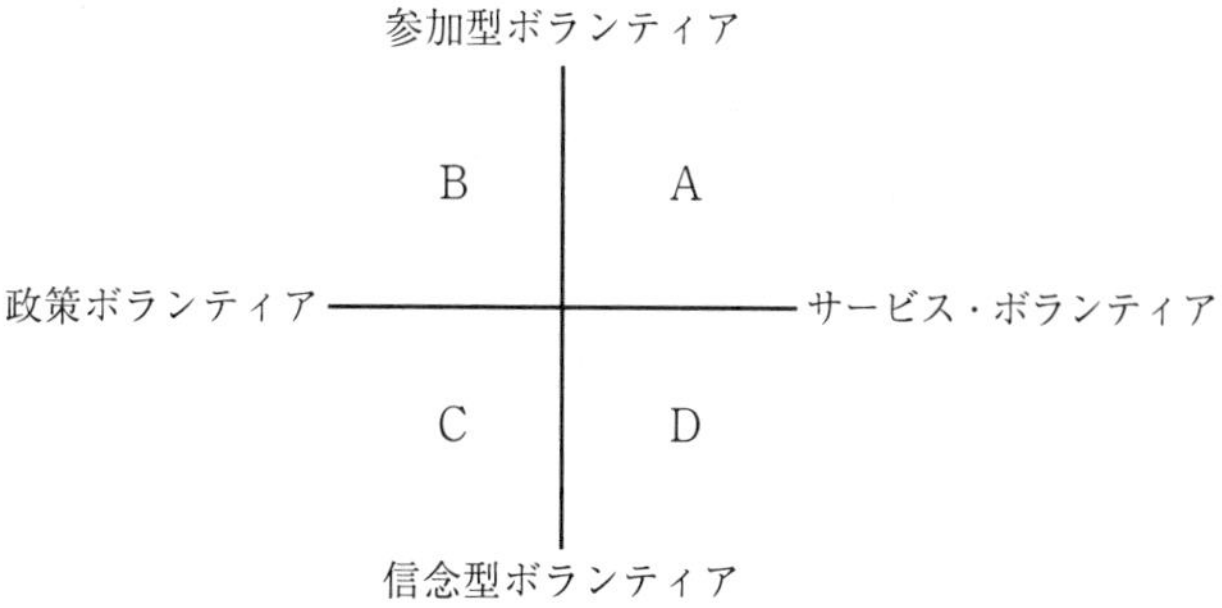

実は、アメリカでは、ボランティアのタイプが信念型から参加型へと変化してきているようです。信念型ボランティアが中心となっていた時代は、日本的な表現をすれば、自分のNPOの成長・発展こそが自分の生きがい、というような関わり方をしますので、放っておいても事業運営を遂行することができます。しかし、参加型ボランティアが中心となる時代には、その組織での仕事の内容や満足感がポイントとなるため、そうした点に注意を払い、常にボランティアの満足度を高め、維持していかなくては、必要なボランティアの人数さえ確保がままならないようになってきます。したがって、前述の（a）〜（e）のような「マネジメント」が必要になってきた、というわけです。

ここで、図表21をご覧ください。上述したボランティアのタイプの変化は、DからAに重心が移ってきたと見ることができます。さらにいえば、こうした傾向は、現場で活動するサービス・ボランティアだけでなく、理事のような政策ボランティアにも見られるということです。このことは、筆者自身の経験からも納得できます。

では、政策ボランティアとしての理事をマネジメントの対象として、どう関わっていけばよいのか、ということになりますが、ここから先は、「理事会マネジメント」の範疇に入りますので、これについては、別途、関連書籍を参照してください。

NPOの中間支援機能

筆者は、1998年に、アメリカ・サンフランシスコのタイズ財団（Tides Foundation）の事務所を訪問し、会長からお話しをうかがう、という機会に恵まれました。タイズ財団は、グループ組織のタイズ・センター（Tides Center）とともに非常にユニークな中間支援活動を行っているパブリック・チャリティです。

タイズ財団は、ドゥラモンド・パイク（Drummond Pike）会長によって1976年に創立されました。ある匿名夫婦が草の根のコミュニティ・グループや環境保護団体を支援するために寄附をしたいという気持ちを持っていることを知り、それを実現しようと財団を立ち上げました。以来、80年代を通じて、「人権」、「正義」、「健全で持続可能な環境」を尊重し、促進するNPOの基盤づくりを着々と進めてきました。

96年には、NPOのインキュベーター（創設支援）機能を持つタイズ・センターを別組織として設立しました。同時に、タイズ財団は、基金の運用（助成事業）とコンサルティングを行う機関として再スタートし、タイズ・センターとともに車の両輪のような組織形態になったというわけです。

取材当時、タイズ財団は、主に2つの事業を提供していました。その1つは、助成事業ですが、助成対象は「コミュニティ問題」、「社会正義」、「環境・天然資源」、「経済・公共政策」、「国際問題」の5分野です。その際、「戦略的助成」という言葉も初めて耳にしたのを覚えています。これは、簡単にいうと、少ない金額で大きな効果の期待できる助成事業に徹する、ということです。富裕な個人や企業などの寄附者は現金、有価証券等の資産を基金（ファンド）として財団に寄附をするのですが、その際、寄附者が寄附先を指定できる、という点にこの助成事業の特徴があります。97年には、財団の管理する基金は250以上にのぼり、総額は7，000万ドルを超えていたのには驚かされました。

もう1つは、コンサルティング事業です。この事業は、独立財団等の資金調達やマネジメント、事業そのものに関連するサービス（主に、会計や理事会運営などに関する相談・アドバイスや、事業評価）を提供する事業です。この事業の特徴的な点は、リスクが大きく、行政や企業などからの支援があまり期待できない団体（人権問題や女性問題に取り組む財団や

NPO）に対して積極的に支援するようにしているということです。取材時点で、このサービスを利用している小規模な独立財団は20団体とのことでした。

さて、1996年にタイズ財団の別組織として設立されたタイズ・センターは、「We are a bridge.」というコンセプトを掲げて、主に2つの支援事業―技術的支援と資金調達支援―を展開しています。

技術的支援は、団体の日常業務や管理・運営といった技術的な面での不足や不安を解消することを目的としています。パイク会長によれば、社会に新しい動きを創出しようとする人々や団体を「社会的起業家（Social Entrepreneur）」と呼ぶことができますが、彼らの活躍する場である社会的企業のスタッフは、えてして情熱（passion）にまかせて動くことがあり、管理・運営面で不安を感じることがある、といいます。また、税理事務や給与手続きなどのような日常のさまざまな業務についても苦手意識を持つ人も多いようです。そこで、パイク会長は、そのような団体をタイズ・センターのプロジェクトの一員に加えたうえで、コンサルティングを行い、きちんとした組織経営に欠かせない技術を身につけさせるのです。その際、タイズ・センターのプロジェクト・メンバーとなる団体から、自由に活動できなくなるのではないかという懸念を抱かれないようにするため、同センターでは、それぞれの団体には出資せず、拘束しないことを約束しています。また、過度に政治的になったり、営利追求に走ったりしないように気を配っている、ということです。

技術的な面での不足や不安がなくなれば、IRC501（c）（3）適用団体になることも苦ではなくなります。こうしたサービスが評判になり、取材当時、入居希望の団体は3カ月以上も待たなければならない、というような状態でした。

資金調達支援もまた、実にユニークです。まず、タイズ・センターがさまざまなプロジェクトを立案し、資金の足りない団体に各プロジェクトの参加団体となってもらうことからスタートします。タイズ・センターは、多種多様なルートを通じて資金を調達したうえで、各プロジェクトの参加団体に分配する、というわけです。タイズ・センターが調達した資金を資金不足の団体に助成金として出すというのではなく、あくまでプロジェクトの一員として参加してもらうのです。その際、プロジェクト参加団体は、プロジェクトの立案から応募までの一連の作業を一緒にやっていくことで、資金調達力を身につけ、自信を得ることができるようになります。取材した時点で、立案したプロジェクト数は300にのぼり、参加団体300団体に対して、1、500万ドルの資金調達額を実施したという実績をあげていました。

技術的支援と資金調達支援という2つの支援事業を受けることによって、資金調達方法を学び、タイズ・センターの実績や信用力を活かして実際に資金調達を行うことができるだけでなく、技術的支援を受けてIRCの基準をクリアすれば、IRC501（c）（3）適用団体になることができ、税制上の特典も得られるというわけです。支援を受ける団体のほとんどが中小規模の団体とのことでしたが、彼らにとってこれほどありがたい存在はないといってもよいでしょう。

タイズ財団やタイズ・センターが入居しているのがソーロー・サステイナビリティ・センター（The Thoreau Center for Sustainability）です。旧陸軍病院を改修したこのセンターは、一等地にあるにもかかわらず、比較的安い賃貸料で入居できるため、環境保護系のNPOを中心に45のNPOも事務所を構えていて、サンフランシスコにおけるNPOの一大拠点となっていました。改修の際、省エネルギー設計を採用し、太陽光エネルギーを利用するなど環境に優しいNPOセンターとしても有名です。

タイズ財団、タイズ・センター、ソーロー・サステイナビリティ・センターは、それぞれの持ち味を活かしながら、協力しあい、NPOを立ち上げ期から独立した経営体に至るまでをサポートできる、非常にユニークな支援グループです。日本では、第5章でふれたように、認定NPO法人の認定を受けようとすると、申請手続き1つとっても、いろいろ面倒だという声があることは確かです。認定NPO法人の申請業務に困難を感じているNPO法人にとっても、注目に値するNPO支援サービスということができるのではないでしょうか。

この点に関連して、日本の中間支援組織に足りないのは「キャパシティ・ビルディング」支援機能である、という金森康氏の指摘は傾聴に値します（伊佐・松尾・西川編著、2007、pp.125-138）。

金森氏は、欧米諸国のNPOやコミュニティ・ビジネス（Community Business；以下、CBと略称）を調査した後、日本との大きな差を感じたのは、中間支援機能、とりわけNPOの「キャパシティ・ビルディング」に貢献する支援機能だと述べています。NPOのキャパシティ・ビルディングとは、一言でいえば、NPOの「基礎体力」＝「組織基盤」を向上・強化させることです。そのためには、資金調達、情報の受発信、会計などの事務局機能を担う中心的なスタッフへ「優先的に資源がまわる発想・仕組み」をつくることが必要であると指摘しています。それは具体的には、どういうことなのでしょうか。

社会的な問題を解決しようとNPO法人を起業する場合を考えてみます。この場合、「顧客との関係づくり」と「組織づくり」という2つの課題がまず解決されなければならない、といいます。「顧客との関係づくり」については、「より質の高いサービスの提供」によって解決することは可能です。しかし、「組織づくり」という課題は、「顧客との関係づくり」が軌道に乗るにしたがって、資金調達や情報の受発信、会計、会員管理などの事務作業が増え、次第に社会的起業家の重荷となっていくことを意味しています。金森氏は、社会的起業家が自分のやるべきことに集中できるように、事務作業そのものを軽減することこそが日本の中間支援機能に求められている、としています。たとえば、行政や企業との協働でも、助成金や補助金の使途をもっと自由にして、透明性の確保を条件としたうえで、事務局の中心的なスタッフの人件費にも使えるようにするべきでしょう。そうすれば、事務作業そのものの軽減につながるからです。また、資金面の支援を手がけていない中間支援組織であれば、できるだけ安価で質の良いサービスを受けることができるような外部の専門家を仲介し、調整する機能が求められています。

こうした点から見て興味深い日本の中間支援組織の1つに、NPO法人の「宮崎文化本舗」があります（伊佐・松尾・西川編著、2007、pp.48-50および同法人ウェブサイト参照）。宮崎文化本舗の活動目的は、「宮崎県内で行われている様々な文化的イベントを開催している個人・団体の〝磁力〟となり、事務機能の中枢を果たす役割を担うこと」にあります。この目的に沿って宮崎文化本舗で提供されているサービスは、すべて興味をそそられるものばかりですが、筆者が2003年に行った代表理事・石田達也氏への聞き取り調査の内容を交えながら、本節の話題と関連する2つの事業を紹介するにとどめておきます。その1つは、「事務局代行サービス」であり、もう1つは、「みやざきNPOハウス」の運営です。

さて、事務局代行サービスとは文字通り、ＮＰＯが講演会やコンサートなどのイベントを企画・開催する際、イベントに集中できるように、事務局を代行するサービスです。宮崎文化本舗の当初からの事業に映画館の運営がありますが、以前のように映画の上映時間中、映画技師がはり付けになることは必要ではないため、いったんフィルムをセットし、映写機を動かし始めると、有給職員の手が空くようになります。そうした空き時間をうまく利用して、他ＮＰＯのチケットの販売・管理、問い合わせへの対応などを代行することができるというわけです。その料金は、たとえイベントが赤字でも代行したスタッフの人件費などの諸経費は支払ってもらうことにしていますが、収益が発生した場合は、別途、個別に相談して決めているといいます。たとえば、比較的観客の入りがよかったコンサートで１００万円の収益が上がったときなどは、経費とは別に、収益金から20万円ほど分配してもらうことができたとのことでした。

みやざきＮＰＯハウスは、もともと宮崎県企業局所有の独身寮でした。１９８２（昭和57）年に宮崎市内の一等地に建設されましたが、その後、利用者が減少したため、２００２（平成14）年に閉鎖されました。宮崎文化本舗が県企業局と賃貸契約を結び、翌２００３（平成15）年からＮＰＯやＣＢのインキュベーション（起業支援・育成）施設として運営しています。２０１６年現在で宮崎文化本舗が受託した宮崎県ＮＰＯ活動支援センターも含めて19団

図表22　みやざきNPOハウスと入居団体一覧

入居団体一覧

団体名をクリックすると団体の紹介ページにリンクします

部屋	団体名	部屋	団体名
101	宮崎県NPO活動支援センター相談室	303	NPO法人　ひむかおひさまネットワーク
102	NPO法人　宮崎文化本舗		NPO法人　みやざき技術士の会
103	トラストワン	304	NPO 法人　フロンティア会
201	NPO法人　iさいと	305	日本ボーイスカウト宮崎連盟
202	NPO法人　みやざきエコの会	306	NPO法人　人間関係アプローチ“きらきら”
203	NPO法人　アジア砒素ネットワーク	307	(財)日本ユニセフ協会宮崎県支部
204	NPO法人　宮崎 21 高齢者福祉研究会	308	NPO法人　人間関係アプローチ“きらきら”
205 206	NPO法人　宮崎県マンション管理組合連合会	401 402	(有)プラネットノア
207	NPO法人　アジア砒素ネットワーク	403	てるはの森の会
208		404	宮崎県 NPO 活動支援センター (NPO法人　宮崎文化本舗)
301	メンタルヘルスケア宮崎	405 406	宮崎県防災士ネットワーク
302	ドリームトライ		

出所：NPO法人宮崎文化本舗ウェブサイト。

体が入居しています（図表22参照）。石田氏によれば、みやざきＮＰＯハウスの運営経費を差し引いた収益から毎年県に賃貸料を納めることができているとのことです。つまり、閉鎖後も毎年、維持管理費がかさんでいた県の赤字施設が黒字に転換しているというわけです。したがって、地元のＮＰＯやＣＢの人々に喜ばれながら収益を上げている宮崎文化本舗だけでなく、格安の賃貸料で一等地に事務所を構え、入居しているＮＰＯ間のネットワークも築くことも可能になったＮＰＯやＣＢ、さらには、かつてのお荷物施設から賃貸収入を得ることのできている県にとっても、プラスになり、まさに「三方一両得」、「Win-Win-Win」の関係となっているのです。

実は、ここでもう1つ、注目すべき点が見出されます。それは、宮崎文化本舗が各支援サービスにきちんと料金設定を行い、いわば仕事に見合った手数料を手にしている、ということです。この点は、タイズ財団やタイズ・センターとも共通しています。タイズ財団の場合、創立当初から79年頃までは、無料で相談に乗り少しずつ顧客を開拓していくという戦略をとっていましたが、その後は、手数料を助成額の1・5〜14％と設定し、ビジネスとして運営していくことができるようになったといいます。また、タイズ・センターでは、プロジェクトに参加する団体の年間予算規模や助成金・補助金獲得の困難度に応じて、料金設定を変えているといいます。たとえば、基本的に1団体当たりの手数料は総獲得額の9％としていますが、連邦政府や州政府からの補助金獲得の場合は、手続きが煩雑なので15％程度に設定しています。逆に、総獲得額が100万ドル以上の場合、手数料を9％とすると、実際に負担する金額が高額になってしまうので、6％に抑えるという具合です。

このように、仕事に見合った手数料をきちんといただくというのは、サービス提供者の中間支援組織がさまざまなリスクに備えた経営を継続していく基礎になります。このことは、中間支援組織自体だけでなく、現在の（さらには未来の）支援を受けるNPOにとっても、お互いのためになるということができます。

ちなみに、10年後の2008年現在、グループ全体のウェブ・サイトを設けて「タイズ・ネットワーク」とネーミングを使っています。そのウェブ・サイトからは、順調な事業展開をしていることがうかがわれます。

ところで、金森氏は、社会的起業家であるかどうかを見極めるには、「事業計画書」や「企画力」の有無が決め手ではない、とも述べています。「情熱に裏づけられた社会的起業家精神」を持ち、ボランティアや寄附者、地域の協力者などさまざまな「サポーター」がバックにいるかどうかで判断するのです（伊佐・松尾・西川編著、2007、p.131）。この点は、NPOやCBなどの「問題解決ビジネス」への融資を手がける「市民バンク」を創設し、経営している片岡勝氏が強調している点でもあります（片岡、２００１、pp.16-25）。片岡氏は、社会の問題解決を目指す問題解決ビジネスの起業志望者に融資をする際に、「事業に対する私の夢」という８００字の作文を書いてもらい、保証人を依頼したときに、家族や友人をはじめ、どのくらいの人たちが引き受けてくれるのかを判断基準としています。つまり、既存の金融機関のように土地・建物といった担保を一切求めず、「その起業家の人となり・夢と応援団」を担保としている、というわけです。こうした条件を満たした人に「市民事業ビジネススクール」を受講してもらい、「起業家として必要なノウハウ」（事業計画書の書き方など）を身につけてもらうのです。

その他、戦略の立て方や評価の問題など、個人的に興味深いテーマがありますが、これらについては、別の機会を待ちたいと思います。

アメリカのNPOの課題――「4つの危機」――

それでは、アメリカのNPOに何の問題もないのかというと、実は、そうではありません。むしろ、さまざまな形で、政治的な思惑も絡んで、NPOに関する問題点が提起されているようです。ここでは、サラモンが１９９０年代後半にNPO関係者に向けて警鐘を鳴らした

「4つの危機」を紹介しておきます（サラモン、1999、pp.24-77）。

①財政上の危機：これは、深刻な財政難に陥っていた連邦政府を「小さな政府」路線で乗り切ることをレーガン政権が選択し、さまざまな補助金をカットし始めたことに端を発しています。それなら、別の収入源である寄附金はどうかというと、補助金削減ペースに到底追いつかないことがわかったのです。さらに、悪いことには、連邦政府が福祉予算等の削減をしたことで、ますますNPOセクター、特に福祉や貧困の問題に取り組むNPOへの期待が高まる一方で、当のNPOの寄附金収入が伸び悩み、収入減に苦しむ、という状態に陥ってしまったのです。また、わずかばかり増えている寄附金の大部分は、社会的弱者のところというよりは、「アメニティ価値」の高い（＝寄附者自身も楽しめる）教育分野や文化分野に流れていく傾向にあったのです。

②市場競争の危機：①の状態を打開するためにNPOセクターでとられた方策は、会費や事業収入を増やすというものでした。それは、民間企業と同じ土俵（＝市場）で競争することを意味します。競争に勝つために、NPOは民間企業ばりの経営手法を用いたり、中には、NPOから民間企業に組織転換をしたりするところも出現したため、NPOと民間企業との境界が曖昧になったといいます。NPOが強い競争力を発揮した分野では、既存の民間企業者は、不公平だと批判しました。なぜなら、両者はまったく同じような事業をしているのに、

税制上の優遇措置のあるＮＰＯに有利になるからです。また、民間企業との競争が激しい分野では、サービス価格の低下を招いていました。これによって、本来の役割を維持するのが難しくなるＮＰＯも現れました。

いずれにしても、利他的な活動や、市場と政府の失敗によって満たされていないニーズに応えていくという姿勢など、ＮＰＯセクター本来の特徴が失われる危機に直面していると、サラモンは懸念を示しています。

③有効性の危機：これには、３つの側面があるといいます。「社会プログラムへの批判」、「プロフェッショナルへの批判」、「アカウンタビリティの問題」の３つです。

「社会プログラムへの批判」とは、これだけさまざまなＮＰＯがさまざまな社会的なプログラムをつくり出して展開しているにもかかわらず、なぜ、問題を克服できないのかという批判です。さらにエスカレートした批判も出たようです。たとえば、ＮＰＯが福祉問題に取り組むことで、人々がますます福祉に依存するようになっている、これは、ＮＰＯが自分たちの仕事を増やすことにつながっているのだ、という極論も見られたようです。

「プロフェッショナルへの批判」は、より専門化したＮＰＯへの批判です。つまり、専門化したＮＰＯが地域の問題解決に力を発揮することが、隣人同士や家族の助け合いという地域の機能を奪っているという批判が一方の極にあります。もう一方の極には、専門的ＮＰＯ

が家族や友人という安上がりなネットワークを駆逐したために、地域の問題解決にかかる費用が増えたという批判があります。

「アカウンタビリティ（説明責任）の問題」とは、組織の成果について、NPOが十分な説明責任を果たす能力がないだけでなく、制度的な仕組みも不十分であるという批判があるようです。IRSに各NPOが提出した報告書を見ても、本当に寄附金や補助金を効率よく有効に使っているのかわかりにくいことも、その一因です。

④信頼性の危機：アメリカでも、NPOに対する世間一般の古いイメージがあります。古いイメージというのは、NPOとはボランティアが地域に根ざして活動し、弱者のために手を差し伸べる団体であるというイメージです。一方で、NPOの現実の姿は、政府セクターから税制上の優遇を受け、政府セクターとパートナーシップを築き、補助金が削減されると、それに対応して収益事業に進出しているというものです。つまり、世間一般のイメージと現実の姿とのギャップが生じていたのですが、そうした中で、大きなスキャンダルが起こったのです。1992年のことですが、ユナイテッド・ウェイ・オブ・アメリカのアラモニー総裁の高給（年収46万3,000ドル！）と浪費癖ぶりが報じられました。すぐさま、全米規模でのスキャンダルに発展し、ついには同総裁が辞任するに至るという大事件になってしまったのです。それ以降、ユナイテッド・ウェイ・オブ・アメリカだけでなく、NPOセクタ

ー全体に対する不信感が高まったため、ＮＰＯは専従職員の給与に至るまで情報公開を強化しなければならないようになったのです。

さらに、そうした世論の変調に乗じて、財政赤字に苦しむ政府セクターは、収益事業を強化していたＮＰＯを、支援先というより財源として見直すようになったのです。

そのため、ＮＰＯはさまざまな角度から事業内容や成果に関する自己評価・外部評価を行って、この問題を克服すべく努力を重ねているようです。

すでに述べたように、こうした「4つの危機」は、20年ほど前にアメリカで起きたことですが、現在の日本にもあてはまりそうな部分があります。特に、「財政上の危機」をめぐる状況がそうですし、それを受けて筆者も収益事業を強化すべきだと主張しているのですが、これが行き過ぎると、「市場競争の危機」に至る危険性があります。また、今のペースでＮＰＯ法人の数が増加していく中で、「有効性の危機」や「信頼性の危機」が生じる可能性はまったくないとはいえません。第4章の図表4を見ると、不認証数や解散数も増えてきているこ とがわかります。さらに、マスコミ報道でもＮＰＯ法人をめぐる不祥事についても、以前より見かけるようになってきました。今のところ、政府セクターや企業セクターでの不祥事に比べると、数的にも質的にもきわだっているというわけではありません。しかし、今後、日本のＮＰＯセクターが大きく成長するにつれて、質の問題が問われるかもしれません し、アメリカで生じたような問題が起きないと言い切れるものでもありません。関係者の皆さんには、アメリカの経験を対岸の火事ととらえるのではなく、ぜひ、他山の石としてこれからのＮＰＯ経営の舵取りに活かしていただきたいと思います。

参考文献・資料（アルファベット順）

〔ウェブ・サイトおよびダウンロード資料〕

大和リース株式会社
http://www.daiwalease.co.jp/

独立行政法人経済産業研究所平成18年度「ＮＰＯ法人の活動に関する調査研究（ＮＰＯ法人調査）」報告書（平成19年３月）
http://www.rieti.go.jp/jp/projects/npo/2006/2.pdf

福岡県
http://www.pref.fukuoka.lg.jp/

福岡県（ａ）「ボランティア団体・ＮＰＯと行政、企業との協働に関する基本指針～新たな「公共」の創出・既存の「公共」の見直し～」（平成15年３月）
http://www.pref.fukuoka.lg.jp/wbase.nsf/d8a493f71bf3f38049256c2100232243/33926487b97ca50249256ce800177fbc?OpenDocument

福岡県（ｂ）「ボランティア団体・ＮＰＯとの協働マニュアル」（平成15年11月）
http://www.nvc.pref.fukuoka.lg.jp/kyoudou/kyoudou-manual/

Independent Sector, "Facts and Figures about Charitable Organizations", Washington D.C., 2007.

http://www.independentsector.org/programs/research/Charitable_Fact_Sheet.pdf
兵庫県
https://web.pref.hyogo.lg.jp/index.html
仮認定ＮＰＯ法人とすす市民活動ネットワーク
https://npotosu.com/
経済産業省産業構造審議会ＮＰＯ部会中間とりまとめ『新しい公益』の実現に向けて（平成14年5月）
http://www.meti.go.jp/report/data/g20514aj.html
国税庁認定ＮＰＯ法人制度
http://www.nta.go.jp/tetsuzuki/denshi-sonota/npo/npo.htm
厚生労働省老健局「介護保険制度改革の概要」（平成18年3月）
http://www.mhlw.go.jp/topics/kaigo/topics/0603/index.html
久留米市市民活動サポートセンター　みんくる
http://www.ksc-minkuru.com/
内閣府「平成13年度中間支援組織の現状と課題に関する調査報告」
http://www.npo-homepage.go.jp/data/report11.html
内閣府「平成27年度特定非営利活動法人及び市民の社会貢献に関する実態調査報告書」
https://www.npo-homepage.go.jp/
内閣府国民生活局「平成17年度市民活動団体基本調査報告書」
http://www.npo-homepage.go.jp/data/report3.html
内閣府ＮＰＯホーム・ページ
https://www.npo-homepage.go.jp/

認定ＮＰＯ法人制度（２００６年度版）
http://www.npo-homepage.go.jp/pdf/zeisei-pamphlet.pdf
認定ＮＰＯ法人シーズ＝市民活動を支える制度をつくる会
http://www.npoweb.jp/
内閣府国民生活局「認定ＮＰＯ法人制度の活用事例集―認定ＮＰＯ法人の活動や声を紹介します―」（２００６年）
http://www.npo-homepage.go.jp/pdf/nintei_npo_jirei.pdf
佐賀県「みんなで取り組む県民協働指針　自立した県民が支え合う社会を創る」（２００４年）
http://www.pref.saga.lg.jp/web/minnadetorikumu.html
タイズ・ネットワーク
http://www.tides.org/index.html
特定非営利活動法人筑後川流域連携倶楽部
http://www.ccrn.jp/index.html
特定非営利活動法人ふくおかＮＰＯセンター
http://www.npo-an.com/
特定非営利活動法人グラウンドワーク三島
http://www.gwmishima.jp/
特定非営利活動法人高齢者快適生活つくり研究会
http://www.koureiken.com/
特定非営利活動法人まちづくりスポット
http://machispo.org/

特定非営利活動法人宮崎文化本舗
http://www.bunkahonpo.or.jp/
特定非営利活動法人日本ガーディアン・エンジェルス
http://www.guardianangels.or.jp/

〔和　書〕

C.H.ラブロック・C.B.ウェインバーグ著、渡辺好章・梅沢昌太郎監訳『公共・非営利のマーケティング』白桃書房、1991年。
福岡県・九州北部税理士会『認定NPO法人の申請マニュアル』福岡県社会活動推進課、2012年。

後藤和子・福原義春編著『市民活動論：持続可能で創造的な社会に向けて』有斐閣、2005年。

今田忠編著『日本のNPO史』ぎょうせい、2006年。

今田忠編著『NPO起業・経営・ネットワーキング』中央法規出版株式会社、2000年。

伊佐淳・松尾匡・西川芳昭編著『市民参加のまちづくり【コミュニティ・ビジネス編】―地域の自立と持続可能性―』創成社、2007年。

実践経営学会編『実践経営辞典』櫻門書房、2006年。

角瀬保雄・川口清史編著『非営利・協同組織の経営』ミネルヴァ書房、1999年。

片岡勝『問題解決ビジネス―地域活性化の試み―』財務省印刷局、2001年。

上條茉莉子・椎野修平編著『NPO解体新書―生き方を編み直す―』公人社、2003年。

柏木宏『NPOマネジメントハンドブック―組織と事業の戦略的発想と手法―』明石書店、2004年。

河口弘雄『NPOの実践経営学』同友館、2001年。

県民ボランティア総合センター『自立したNPOのためのマネジメント読本（平成14年度福岡県委託調査）』、

２００３年。

小島廣光『非営利組織の経営―日本のボランティア―』北海道大学図書刊行会、１９９８年。

熊谷則一・菅野豊・磯貝秀俊『ＮＰＯ法人なるほどＱ＆Ａ―基礎知識から会計・税務まで―』中央経済社、２００３年。

熊谷則一・村山眞也・菅野豊・藤田整継『詳解ＮＰＯ法人実務必携』中央経済社、２００６年。

レスター・Ｍ・サラモン著、入山映訳『米国の「非営利セクター」入門』ダイヤモンド社、１９９４年。

レスター・Ｍ・サラモン著、山内直人訳・解説『ＮＰＯ最前線―岐路に立つアメリカ市民社会―』岩波書店、１９９９年。

松尾匡・西川芳昭・伊佐淳編著『市民参加のまちづくり【戦略編】―参加とリーダーシップ・自立とパートナーシップ―』創成社、２００５年。

三木秀夫・岡村英恵・中務裕之・荒木康弘・長井庸子『ＮＰＯ法人の設立と運営』清文社、２００３年。

武藤泰明『ＮＰＯの一歩進んだ経営』中央経済社、２００２年。

認定ＮＰＯ法人シーズ＝市民活動を支える制度をつくる会『認定ＮＰＯ法人制度＆寄附税制活用支援ハンドブック２０１６』認定ＮＰＯ法人シーズ＝市民活動を支える制度をつくる会、２０１６年。

西川芳昭・伊佐淳・松尾匡編著『市民参加のまちづくり【事例編】―ＮＰＯ・市民・自治体の取り組みから―』創成社、２００５年。

ＮＰＯ研究フォーラム『ＮＰＯが拓く新世紀』清文社、１９９９年。

奥林康司・稲葉元吉・貫隆夫編著『ＮＰＯと経営学』中央経済社、２００２年。

齋藤力夫・田中義幸編著『ＮＰＯ法人のすべて―特定非営利活動法人の設立・会計・税務―〔増補３版〕』税務経理協会、２００２年。

齋藤力夫・田中義幸編著『ＮＰＯ法人のすべて―特定非営利活動法人の設立・運営・会計・税務―〔増補９

版)』税務経理協会、２０１３年。

坂本文武『ＮＰＯの経営—資金調達から運営まで—』日本経済新聞社、２００４年。

桜井政成『ボランティアマネジメント—自発的行為の組織化戦略—』ミネルヴァ書房、２００７年。

柴田弘文・柴田愛子『公共経済学』東洋経済新報社、１９９５年。

総合研究開発機構『市民公益活動基盤整備に関する調査研究』ＮＩＲＡ研究報告書№９３００３４、１９９４年。

立岡浩編著『公民パートナーシップの政策とマネジメント』ひつじ書房、２００６年。

谷本寛治・田尾雅夫編著『ＮＰＯと事業』ミネルヴァ書房、２００３年。

武隈愼一編著『入門ミクロ経済学』ダイヤモンド社、２００５年。

田尾雅夫・川野祐二編著『ボランティア・ＮＰＯの組織論』学陽書房、２００４年。

特定非営利活動法人制度研究会編『解説　特定非営利活動法人制度』商事法務、２０１３年。

山岡義典編著『ＮＰＯ基礎講座』ぎょうせい、２００５年。

山内直人『ＮＰＯ入門〈第2版〉』日本経済新聞社、２００４年。

〔洋　書〕

Ben-Ner, Avner and Benedetto Gui (ed.), “The Nonprofit Sector in The Mixed Economy”, The University of Michigan Press, 1993.
Drucker, Peter F., “Managing the Non-profit Organization ~Principles and Practices”, Harper Business, 1990. (邦訳：Ｐ・Ｆ・ドラッカー著、上田惇生・田代正美訳『非営利組織の経営—原理と実践—』ダイヤモンド社、１９９４年)
Hamilton, Leslie and Tragert, Robert, “100 Best Nonprofits to Work for (2nd Edition) ”, Thomson

Learning, 2000.
Herman, Robert D. (ed.), "The Jossey-Bass Handbook of Nonprofit Leadership and Management", Jossey-Bass Publishers, 1997.
Linden, R. M., "Working Across Boundaries: Making Collaboration Work in Government and Nonprofit Organizations", Jossy-Bass Publishers, 2002.
Otting, Laura Gassner, "Change Your Career: Transitioning to the Nonprofit Sector", Kaplan Publishing, 2007.
Phelps, Edmund S., ed., "Altruism, Morality, and Economic Theory", Russel Sage Foundation, 1975.
Powell, W. Walter and Steinberg, Richard (ed.), "The Nonprofit Sector〜A Research Handbook (Second Edition)", Yale University Press, 2006.
Powell, W. Walter (ed.), "The Nonprofit Sector〜A Research Handbook", Yale University Press, 1987.
Salamon, Lester M. and Anheier, Helmut K., "The Emerging Sector〜An Overview", The Johns Hopkins University Institute for Policy Studies, 1994.（邦訳：レスター・M・サラモン、H・K・アンハイアー著、今田忠監訳『台頭する非営利セクター』ダイヤモンド社、１９９６年）
Salamon, Lester M., Helmut K.Anheier, Regina List, Stefan Toepler, S. Wojciech
Salamon, Lester M., "Partners in Public Service: Government- Nonprofit Relations in the Modern Welfare State", The Johns Hopkins University Press, 1995.
Sokolowski and Associates, "Global Civil Society－Dimensions of the Nonprofit Sector", The Johns Hopkins Center for Civil Society Studies, 1999.

《著者紹介》

伊佐　淳（いさ　あつし）

1962年　沖縄県生まれ

琉球大学法文学部経済学科卒業後，明治大学大学院政治経済学研究科博士後期課程，秋田経済法科大学経済学部専任講師，同大学助教授，久留米大学経済学部助教授，在外研究（英国バーミンガム大学；2001年～2002年）を経て，

現　在　久留米大学経済学部教授

特定非営利活動法人筑後川流域連携倶楽部理事

特定非営利活動法人高齢者快適生活つくり研究会理事

特定非営利活動法人ふくおかNPOセンター評議員

佐賀県公益認定等審議会委員他。

主要著書

『ボランティア・NPOの組織論』学陽書房，2004年（共著）

『市民参加のまちづくり【戦略編】―参加とリーダーシップ・自立とパートナーシップ―』創成社，2005年（共編著）

『実践経営辞典』櫻門書房，2006年（共著）

『市民参加のまちづくり【コミュニティ・ビジネス編】―地域の自立と持続可能性―』創成社，2007年（共編著）

（検印省略）

2008年 9 月10日　初版発行

2016年 9 月10日　第 2 版発行　　略称－NPO

NPOを考える［第 2 版］

著　者　伊　佐　　淳

発行者　塚　田　尚　寛

発行所　東京都文京区春日2－13－1　株式会社　創　成　社

電　話 03（3868）3867　　F A X 03（5802）6802

出版部 03（3868）3857　　F A X 03（5802）6801

http://www.books-sosei.com　　振　替 00150-9-191261

定価はカバーに表示してあります。

ISBN978-4-7944-5062-3 C3234

Printed in Japan

組版：でーた工房　印刷：平河工業社

製本：宮製本所

落丁・乱丁本はお取り替えいたします。

創成社新書